やっぱり食いしん坊な歳時記

辰巳琢郎

集英社

やっぱり食いしん坊な歳時記

もくじ

本書は『ＴＨＥ ＧＯＬＤ』２０１４年５月号～２０１６年10月号、『ＪＣＢ ＴＨＥ ＰＲＥＭＩＵＭ』２０１６年11月号～２０１８年４月号での連載に加筆したものです。

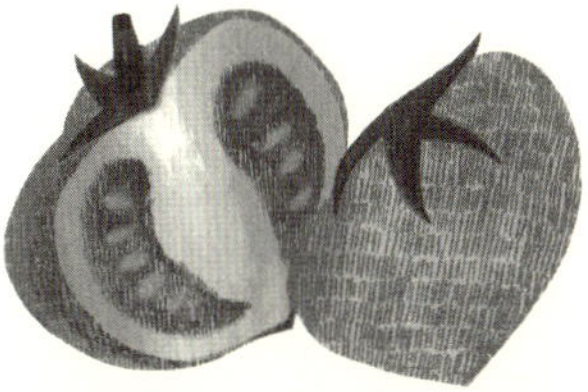

はじめに

受験勉強の途中で進路変更し、音楽大学へ。オペラ歌手として漸《ようや》く一人前になりつつある娘が、最近になって白状しました。

「小学校1年生の時、七夕の短冊に『歌手になりたい！』って書いてたんだよ」

そんなことは全く気付かず、忙しさにかまけて我が道を歩んできた父親も、実は同じぐらいの年頃から、誰にも内緒の夢を抱いていたのです。『物書きになりたい！』と。

ですから、5年前の秋、

「JCBゴールドカードの会報にエッセイをお願い出来ませんか？」

と、旧知の編集者から依頼があった時、これっぽっちも逡巡しませんでした。だってそうでしょ？　毎月1000000人以上の会員の皆様に届けられている冊子の、それも巻頭の2ページを頂ける、それこそ夢みたいなオファーな訳ですから。

しかし、これほど大変な仕事になろうとは……。

「あれは、修行時代でしたね」と表現することが多い『くいしん坊！万才』のリポーターに抜擢されたのは、32歳の時でした。毎月6日間、日本各地を訪ね歩いて、郷土料理や家庭料理を食べまくる、かなりハードなロケ。ミニ番組とはいえ、3年間で600本、2000種類を超える料理と格闘した訳です。若かったからこそ、出来た仕事。今もその経験は、しっかり生きています。

ところが、このエッセイを連載していた五十代後半の丸4年間は、くいしん坊！万才時代を彷彿とさせるようなリズムの中で生活することになってしまいました。笑わないでくださいね。たった1600字。プロの物書きなら2時間もあれば書けるような量でも、素人には毎月6日間は必要だったのです。構想を練り、資料を漁り、方々へ電話取材し、時には食べ歩き……何しろ、この原稿を首を長くして待っている全国の1000000人の読者の期待を裏切ってはならない。大変なプレッシャーでした。思い上がりだと本当は判ってはいます。ただ、そうでも思い込まないと筆が進まない怠惰な自分の性格も、十二分に把握している。結局、最後まで遅筆は治らず、幾度徹夜したか判りません。

ことほどさように難産だった小品なので、48編を一冊にまとめるにあたり、ほとんど手を加えないことにしました。順番も変えていません。時事ネタも、年数も現在にアジャストせずに、また書いた時の感傷もそのままに残しています。ただ、字数制限の為に泣く泣くカットしたり、省略し過ぎて理解し難くなっていたところは補足しました。あとは、註釈を加えたぐらいでしょうか。

その間に料理男子の息子は、社会人として独り立ちしていきました。この連載を楽しみにしてくれていた母は、読んでも理解不能な子供に。初めて文章を褒めてくれた父は、料理を作るのをやめてしまいました。それほど長い時間ではないような気もしますが、時の流れは残酷で、誰に対しても公平です。読者の皆様にとっては、どんな4年間だったのでしょうか。その時その時に、ご自分をタイムスリップさせて読んでいただけると、とっても嬉しいです。

もともと、クレジットカード会社の会報ですから、お店の名前出しにも決まりがありました。きちんと書かれているところは、実はＪＣＢカードが使えるお店だったのです。それも修正していません。キャパの小さい隠れ家系のお店の詳細な情報も、やはり書き加えるのはやめました。

まだまだ書き足りないことが山ほどあります。新しい出会いもひっきりなし。食に対する考え方も、日々更新されています。ただ変わらないのは、食べるということの根源的な幸せ。誰かと話しながら食べられることの有り難さ。上から目線と言われるかもしれませんが、食の現場に携わる皆様に、心からエールを送りたいと思います。何よりも、その生産者に！

最後になりましたが、４年間このエッセイの最初の読者であり、最高に厳しい批評家でもあった妻に、深い感謝の気持ちを伝えたいと思います。

1 流氷とオホーツク海の毛ガニ

卯月

「実は僕、カニが嫌いなんです」

などと時々言ってみると、一様に驚かれてしまいます。爆弾発言でも何でもないのですけれど、とにかくカニ好きな日本人は（もちろんアレルギーの方を除いては）、カニこそ最高級のご馳走だと信じて疑いません。

「いちいち身をほじくるのは面倒臭いでしょ、手も汚れるし……」とエクスキューズすると、やや賛同していただけますが。

でも本音を言うと、美味しいカニ、旬の新鮮なカニは大好きなんです。『くいしん坊！万才』をはじめ様々な仕事で全国を回り、言葉が出ないほど美味しいカニを、それはたくさん食べてきました。しかしながら、まだ口にしていないものが一つあるのです。これを食べなきゃ、死んでも死にきれない、とは大袈裟《おおげさ》にしても、毎年春が近づくと思い出す、憧れのカニ。

あれはもう、十数年前になりますか、網走の郷土料理店で、たらふくカニを食べたことがあります。両手でやっと抱えられるぐらいの、大きな活けのタラバガニ。炭火で焼くと、つやつやした身がぷくーっと盛り上がる絶品のカニでした。それまで「焼きなら花咲ガニ」と吹聴していた自信が、正直ぐらついたほど。ところが、その店の大将曰く、

「今日はタラバしかないけど、次は4月に来てよ。こちらではその時期しか毛ガニは食べないの。最高に旨いよ。」

それまで、毛ガニの旬は夏だと信じていました。でもそれは、噴火湾の毛ガニの話。オホーツク海の毛ガニの旬は、4月だったのです。海を覆う流氷が融けてきて、船の航行が可能になってから。ただし4月も下旬になると脱皮が始まってしまうので味が落ちてくる。その直前の短い時期が特に美味しいのだそうです。

流氷の仕組みについて詳しく説明する紙幅はありませんが、元々はアムール川（黒

竜江）から流れ込んできた栄養豊富な水が凍ったもの。氷の蓋により海水温が安定する海底で、のんびりと育った毛ガニの美味しさは……想像しただけで涎《よだれ》が出てきてしまいました。

思えば数年前の4月半ば、この憧れの毛ガニを食すチャンスが一度あったのです。友人が何人かで「紋別カニツアー」を企画し、僕もエントリーしていました。一日一往復しかない飛行機をおさえ、ホテルもキープ。それなのに、急な仕事が入りおじゃん。これでも結構売れているのです。

あの時はご丁寧にも、食べる前と食べている最中に現地から実況中継の電話が入り、当然のごとくメールで写真も送られてきました。まったく良い友達を持ったものです。もちろん件《くだん》の画像は、すぐに僕の携帯から消去されました。

前置きが長くなってしまいましたが、一年中どこにいても何でも食べられるというのは、それ程幸せではないのではないか、ということを本当は書きたかったのです。豊かといえば、これほど豊かなことはないと思いますが、どこか物足りない。ケの日がたくさんあるからハレの日が輝くように、食べられない時期があるからこそ、ずっと待ち続けていたからこそ、それがとびっきり美味しく感じられる、そういう瞬間が確実に減ってきました。

もしかしたら、一生、オホーツク海の4月中旬の毛ガニは、食べない方がいいのかもしれません。茹でないで、刺身で食べるべきという、あの夢のカニは。[※]

（2014年　4月）

※単行本にまとめるにあたり、とうとう念願の春の網走へ。エピローグに書きましたが、できれば最後に読んでください。

2　梅雨が近づいて苺を思い出す

皐月

『初恋の香り』『古都華《ことか》』『美人姫』……何だか判りますか？　それでは『さがほのか』『とちおとめ』『あまおう』……そう、みんな苺の品種でした。日本で登録されているものだけでも、優に200種を超えるとか。中には一粒1000円を超える高級種まであるようです。

世界全体で見れば、日本※の生産量はだいたい7位か8位ぐらいですが、生で食べている量は一番だろうと言われています。生産量第1位のアメリカをはじめ、欧米諸国は苺をジャムにして食べるのが普通だからです。「生で食べる量は多いけれど、ワインになるのはごく一部」という我が国の葡萄に何だか似ていますね。

つくづく「日本人は苺が好きなんだなぁ」と思います。見た目の華やかさ、丸ごと口に出来る手軽さ、皮も種も全部食べることからくる栄養価の高さなどが、その大きな要因でしょう。各自治体が品種改良を競い合い、「一県一品時代」と呼ばれている程です。次々に新たな栽培手法が試され、品質や価格でしのぎを削るという点では、トマトと並ぶ青果界の二大横綱といったところ。最近流行りの産直スーパーなどでも、たいてい目玉商品として扱われ、飛ぶように売れています。

子供の頃、苺は春そのものでした。初夏の日差しが強まるにつれて甘みを増し、梅雨の気配を感じるといつの間にか姿を消していく。雨が降ると苺が水っぽくなるからだと教えられ、賢くなった気分でいたものです。

イチゴスプーンの登場も衝撃的でした。今程は甘みが強くなかった苺に、砂糖と牛乳をかけてスプーンで潰す。銘々が好きな塩梅に。砂糖の種類や量も工夫しました。練乳も旨かった。今様に言えば「カスタマイズ」ですね。料理に目覚めたのは、この頃かもしれません。

そろそろ「苺の旬は冬じゃないの？」という声が聞こえてきそうです。いいえ、ハウス栽培の普及や品種改良によってほぼ一年中出荷されている現在でも、露地物の旬は4～5月。一番美味しいのもその頃、と言われています。しかしながら「苺の旬が冬」という感覚も強《あなが》ち間違いではないようです。クリスマスケーキのシンボルとしての需要が増えるに従い、冬に収穫出来るような品種が次々に生み出され、現在の出荷の最盛期は11～5月なのだとか。時代のニーズに合わせて旬を変えた苺の現実。それは仕方のないこととは思いますが、苺の旬が冬になってしまうことには、やはり漠然とした寂しさを感じてしまいます。

一方、これだけ技術が進化しても、ハウス栽培においてさえ自然の力に頼るしかない「二つの要素」があるのをご存じでしょうか。

一つ目は「蜜蜂」。気をつけて観察すると、ハウスには必ず数匹の蜜蜂が飛び交っています。苺は蜜をあげる代わりに受粉してもらう。最新鋭のハウスの中でも、そんな自然の共生関係が苺の栽培を支えているのです。

二つ目は「CO_2」即《すなわ》ち二酸化炭素。時々ハウスの中で焚き火をしているのを見掛けますが、あれは暖をとる為ではなくCO_2を作っているのです。植物である苺は二酸化炭素がなければ光合成が出来ず、甘みの素となるブドウ糖が合成されません。地球温暖化の張本人と言われ今やすっかり悪者扱いのCO_2ですが、植物にとって、いえ総ての生き物にとって、実は大変重要な物質でもあるという事実は、しっかり押さえておきましょう。

「梅雨に入ったみたい、そろそろ苺もお終いね。」

こんな美しい日常会話は、食べ物に旬を感じるという文化は、滅びていく運命なのでしょうか。人間の都合だけでなく、植物の気持ちも一度ゆっくり聞いてみたい。そんな日が来ることを、心から期待しています。

（２０１４年　５月）

※２０１７年12月現在、苺の生産量は1位中国、2位アメリカ、日本は10位。中国の急激な増加が目立ちます。

3 五感で楽しむハモ

水無月

地方での仕事が好きです。様々な食文化に触れることが出来ますから。『くいしん坊！万才』の八代目を卒業してから20年余り、自分なりの拘《こだわ》りをもって、真剣に食べてきました。

ところが、いつの頃からか「ワイン好き」というイメージの方が浸透した為でしょう、地方へ仕事で行っても殆どの現地の担当者は「ワインのあるお店」を探し出し、セッティングしてくださいます。お気持ちは涙が出るほど嬉しいのですが、僕が食べたいのは「その土地の料理」であり、飲みたいのは「その土地のお酒」。いわゆる「B級グルメ」も大歓迎なのです。

もう一つがっかりさせられるのは、個室に通されること。有名人の中には「顔※がさすから嫌だ」とおっしゃる方が多いからでしょうが、部屋に閉じ込められ戸を閉められると、どこに食べに来たのか判りません。やはり、そのお店の日常が感じられる場所に座りたい。出来ればカウンターが最高ですね。

「カウンター割烹」は大阪が発祥。元々「割烹」という言葉自体、東京にもなかったそうですが、今や全国に広まっています。料理人と話をしながら、そして包丁捌《さば》きを見ながら食べるのは至福の時間。料理を五感で楽しめます。中でも、聴覚からの刺激が心地好い。

前置きが長くなってしまいました。この「聴覚を刺激する料理」の極め付きが、ハモ料理なのです。

「ザックザックザックザックザックザックザック……」

「骨切り」の音は、人それぞれに聞こえ方こそ違え、間違いなく涎《よだれ》を誘うもの。この音を聞いて食べるのと聞かずに食べるのとでは、雲泥の開きがあります。

小骨が多い魚を如何に美味しく食べるかという命題。そこから生まれた技術。ハモ料理には、長い歴史を感じます。皮一枚を残して身と骨だけを切る。一寸（約3センチ）に等間隔で24～25筋の包丁を入れなければならない板前さんも大変でしょう。でも、まだその方が楽なのだそうです。毛抜きで一本一本小骨を抜いたハモの刺身を頂いたことがありますが、全くの別物でした。

『祇園祭』のお囃子が聞こえてくると、京都は夏本番。ハモのシーズンの到来です。「長い魚は梅雨時の雨の水を飲んで旨くなる」と言われ、確かにハモも美味しくなり、値段も一年中で一番高くなります。一方、「日本三大祭り」の一つ『天神祭』にもハモは欠かせないのですが、どうしても知名度では京都に負けてしまう。大阪人としては、ちょっぴりシャクなところです。

さて皆さんは、ハモは熱湯にくぐらせてから氷水で冷やした「湯引き」（京都では「おとし」と言います）を梅肉で食べるもの、と思っていませんか。もちろんこの定番も悪くはありませんが、一度「焼き霜造り」をお試しください。皮目はしっかり、身はさっと炙って頂く。ハモの旨みが引き立つ料理法です。こちらも今では珍しくなくなりましたが、板前さんに薦められ初めて口にした時の驚きは、忘れられません。

一般論ではありますが「ハモは韓国産の方が高価でしかも旨い」ということも、カウンター越しに教わりました。それ以来、幾度も両者を食べ比べ、リサーチもしましたが、未だその事実は覆せません。特に「焼き霜」に関しては。政治的に難しいところがあっても、お互いに良いところは認め合い、尊敬し合う。それが、平和な世界への第一歩です。まずは、食文化から……。

ハモの話をすると、名残のハモと走りの松茸を合わせる『ハモマツ』を思い浮かべてしまいます。旬を迎える前から……。人間って、なんて贅沢なのでしょう。

（2014年　6月）

※「顔がさす」とは、京都言葉で「知人にばったり会う」「他の人に顔を見られてしまう」などという意味。

4 「とりあえず枝豆！」 文月

ビールの美味しい季節になりました。風呂上がりのビールは一年中いつでも美味しいものですが、やっぱり夏でしょう。そしてビールを飲むなら、なんと言ってもビヤガーデン。昭和の人間は、そうですよね。

ビヤガーデンというのは、大人になったことを自覚させてくれる場所。初めての時は、かなり緊張したものです。今よりもずっと街中に学生が溢れていた京都では、学生は学生、社会人は社会人と、飲むエリアやお店が分かれていました。大切にされていたのか、お金がなかったからなのか、学割の利くお店も多かったように思います。ところが、ビヤガーデンの場合は一緒くた。老若男女入り交じって、社会の縮図がそこにあると感じたものです。

ところで皆さんは「ビヤガーデン」派ですか？　それとも「ビアガーデン」派？　どうも最近は、ちょっと気取った後者の方に分《ぶ》があるようです。でも、この言葉はもう立派な日本語。元の発音にとらわれず「ビヤガーデン」の方が、庶民的な感じも漂って、いいと思いませんか？

そしてもちろん「ビヤガーデン」は、ビルの屋上になければなりません。

日本最初の「屋上ビヤガーデン」は、昭和28（１９５３）年に登場したそうです。学生時代に何度か通った、大阪梅田の第一生命ビルの屋上。当時の大阪では、幾つもの有名ビヤガーデンがしのぎを削っていたような気がします。

そして、今も昔もビールと言えば「枝豆」ですね。どうしてこんなに合うのでしょうか。「マリアージュ」などというフランス語が日本に上陸する遙か前から、最高の相性を全国民が享受していたのです。これまた『世界食遺産』。昨年、海外でネット検索された和食のキーワードランキングでは、なんと「枝豆」が「寿司」に次いで第2位にランクインしたというから驚きです。

世界中に「ＥＤＡＭＡＭＥ」が認知され始めた。これは喜ばしいことです。さらに健康に良いことも続々報告されています。ビタミンC、A、B1、B2、ナイアシン、B6、葉酸、コリン、メチオニン、オルニチン、サポニン、レシチン、カリウム、カルシウム、鉄分……二日酔いを防いだり、脂肪を燃焼しやすくしたり、良い成分ばかり。でも、ちょっと行き過ぎでしょうか。とにかく、そんな科学が発展するずっと前から日本人は「枝豆」を食生活に取り入れていた、という事実が光っています。

「枝豆」と言えば、忘れられない光景があります。もう22年も前の10月、『くいしん坊！万才』の山形ロケの時。撮影終了後に、出演してくださったおばあちゃんが、

「よろしかったら、これもどうぞ……」

と言って恥ずかしそうに薦めてくださった、やや平べったくてあまり色の良くない「枝豆」。これが旨いのなんの。「本編中に出してよ！」と叫びたくなるほど、衝撃的な美味しさでした。

念のためにVTRもチェックしてみましたが、当然の如く映像はなく、まさに幻の「枝豆」！

その『だだちゃ豆』も、今ではすっかり人口《じんこう》に膾炙《かいしゃ》し、東京でも普通に食べられる

ようになりました。でも、幻の味と信じていたものが簡単に食べられるようになるのは、嬉しい半面、ちょっと残念ですね。ただ、現地で頂く新鮮なものは、もっともっと美味しいことをお忘れなく。

8月8日は『だだちゃ豆の日』だそうです。「だだちゃ」とは庄内地方の方言で「父ちゃん」の意味だから「パパ」に引っ掛けて、とのこと。この時期から美味しくなるということもあるのでしょう。夏の終わる頃から旬に入る「茶豆」や「黒豆」系統の「枝豆」の、こくのある味わいが大好きです。問題は止まらないこと。いくら健康食品でも、食べ過ぎは良くありません。一番の問題児は塩分。料理人の方も、塩を控えめに茹でてくださいね。

（2014年　7月）

5

山ぶどうでワインを造る!

葉月

実りの秋になりました。美味しいものが目白押しで、今回は何をテーマに書こうか、正直迷ってしまいます。

旅をするにも最高の季節です。この20年ほど毎年のように、ヨーロッパ各地を食べ歩く些《いささ》かマニアックなツアーを企画していますが、必然的に9月に照準を合わせてしまいます。今年は『サラエヴォ事件』から100年ということもあり、旧ユーゴスラビアを旅することにしました。昨年はマデイラ島を含めたポルトガルを一周し、一昨年はコーカサス三国。もちろんイタリア、フランス、スペイン、オーストリアなどは、既に何度も訪れています。もうお判りでしょう。これはワイナリー巡りの旅でもあるのです。

9月は、大切な葡萄の収穫期。ワイナリーとしても一年で最も忙しい時期で、観光客の相手など普通はなかなかしていただけません。しかしながら、こちらとしても撓《たわわ》に実った葡萄畑や収穫風景を見学できる最高のタイミング。あの手この手でオファーを繰り返し、得がたい体験を積み重ねています。

葡萄は、亜熱帯から亜寒帯にかけて（日本もすっぽり入っていますが）世界各国で栽培されている、総生産量でもトップ3に入る果物です。ところが、実にその70パーセントがワインの醸造用。飛躍的に商品価値を高め、驚くほど長持ちするようになる、まさに神の恵みそのもののように感じませんか？

反対に我が国では、9割が生食用と言われています。逆に言うと、食べる葡萄の種類がこんなに多く、美しく、しかも美味しいというのは、素晴らしいこと。日本の農業技術は世界一と聞きますが、まさに芸術品ですね。

では、生食用の葡萄とワイン用の葡萄とでは、どこがどう違うのか？　簡単に言うと「それぞれの用途に向けて、長い年月をかけて改良されてきた努力の成果」でしょうか。大まかにヨーロッパ系の品種はワイン用で、アメリカ系の品種は生食やジュース用と分類されますが、ヨーロッパ系の『甲州』は、奈良時代以前に朝鮮半島から渡来人が日本に伝え、その後ずっと食用葡萄として進化してきました。いわば「弥生の葡萄」です。そして明治になってからワインにも使われだし、今や日本を代表する醸造用品種として世界に認められています。一方で、アメリカ系の『デラウェア』や『ナイヤガラ』からも、素晴らしいワインを生み出す高い技術を、日本の醸造家達は持っている。あとは、飲み手がどう判断するか、ですね。

そしてもう一つ、忘れてはならないのがアジア系の『山ぶどう』の存在です。これこそ日本の土着品種。世界遺産の白神山地を歩いていても、至る所で目にします。マタギに教わり、水分補給の為に蔓《つる》の先を千切って口にしてみると、不思議なほど元気になりました。

この『山ぶどう』を、最近「縄文の葡萄」と表現することにしています。胡桃やどんぐりなどと並んで、大切な山の幸だったはず。今でも岩手県では、妊婦さんに滋養の為『山ぶどう』のジュースを与えるそうです。さらに、縄文の人達は『山ぶどう』からワインを造っていたという説もあります。想像するだけでも楽しいですね。

そして今では、畑で栽培されるようになりました。もちろんワインも造られています。ところが『山ぶどう』は、栄養価が大変高い半面、酸味がかなり強く、初めての方には難しい。そこで閃《ひらめ》いたのが『甲州』とブレンドすることだったのです。流行してほしいとの願いを込め、自らプロデュースしたこのワインに『今様《いまよう》』と命名しました。コンセプトは「縄文と弥生の融合」。つまり日本人を表現したつもりです。クールジャパンの一つとして、世界に羽ばたくロゼスパークリングワインとなってくれることを期待しています。

（２０１４年　８月）

6

松茸の記憶

長月

「あれ以上のものはないですよねぇ……」

全く予想通りの表現に嬉しくなりました。声の主は、エビちゃん。『くいしん坊！万才』で共に全国を旅した、同い年のディレクターです。この原稿を書くにあたり、56年の人生の中で最高に美味しかった「松茸」を頬張っているVTRを見ておきたいと思って彼に電話したら、すぐにこの言葉。自分の味覚を信じていないわけではありませんが、この伝統ある食番組に、かれこれ30年近く関わっているオーソリティーの賛同を得て、やはりこの話から始めることにしました。

時は1991年10月6日。所は岩手県の葛巻町《くずまき》の某所にある松茸山。厳重な鉄格子の門扉を開けて入っていくと、素人でも容易に見つけられるくらい、あちらこちらに

「松茸」が顔を出していました。片や玄人が収穫するのは、土の中のもの。地表に顔を出したり、笠が開いているのは、香りが良くないらしいのです。ほんの僅かな土のふくらみを見つけては「ここ掘れワンワン」の如く掘ってみると、面白いようにプリプリの「松茸」が現れる。根元からそーっと引き抜き、松葉で土を払うと、すぐに酒で湿らせた奉書紙で包み、さらに濡れた新聞紙で包んで、焚き火の中に放り込む。このように掘りたてを蒸し焼きにした「松茸」は、この世のものとも思えぬ陶然とした香りと味わいでした。

と、ここまでは、僕の記憶によるもの。かのエビちゃんの話では、街に戻って囲炉裏の熾火《おきび》の中に入れたらしいのです。そう言われれば、そんな気もします。山で焚き火で焼いたのは、土の中から掘り出した筍だったような……実は、件《くだん》のVTRは彼の手元にもなかったのです。

いずれにしても、「松茸」は新鮮なものほど香りが良いのは間違いありません。日本で出回っている「松茸」の9割以上は輸入物らしいですが、韓国産も、中国産も、あるいは北米産も、採れたては国産と同じように素晴らしい香りだったはず。水で洗ったり、輸送している間にすっかり失われてしまったのだと想像しています。

「松茸」がこれほど高価で珍重されるのは、偏《ひとえ》に栽培法が確立されていないからでしょう。ところが、マツタケオールという香り成分は合成され、実用化されてるみたいです。科学の発達は何でも実現してしまい、ちょっとどうかなぁ……と思うことが多いのですが、何故かマツタケオールに関してはあまり抵抗感がありません。日本人のDNAを自覚させられる香りだからでしょうか。しかし信じられないかもしれませんが、欧米では「松茸」の香りを嫌な臭いと感じる人が多いそうです。ラテン語の学名を直訳すると「吐き気を催させる茸」。これには驚くというか腹が立ちます。しかし考えてみると、「トリュフ」のことを「蒸れた靴下の臭い」と敬遠する日本人が多いのと良い勝負ですね。

フランス料理界の神様とか、20世紀最高の料理人と称されるジョエル・ロブション氏が、兄とまで慕う日本人がいます。塩味に殊に敏感なとびきり繊細な舌を持ち、文学、歴史、オペラ、絵画、ファッションにまで精通した高等遊民のような方。まだ無名だったフランスの青年を何度も京都に連れて行き、日本料理の神髄をたたき込んだのだという話を幾度も聞かされました。僕も尊敬しているそのＴ様が、あるお葬式に出されたお吸い物を褒めちぎったそうです。

「何て素晴らしい。この薄味といい、香りといい、さぞ素晴らしい料理人がお作りになったのでしょうね。」

しかしそれは、香り成分の入った即席の粉末を２倍のお湯で薄めたものだった、という「落ち」でした。

庶民の手の届かないものになった「松茸」ですが、収穫量が最盛期の１パーセントほどになってしまった事実は深刻です。森を大切にすることを、「松茸」は訴えたいのかもしれません。

（２０１４年　９月）

7

鯖は「魚の王様」

神無月

様々な食の場を思い浮かべてみても、凡《およ》そお寿司屋さんのカウンターほどエキサイティングな席はありません。有名店はもちろんのこと、地方の繁華街の片隅で深夜まで営業している有り難いお店まで、格やお値段に関係なく積極的に楽しんでしまいます。ガラスのショーケースは必須アイテム。ネタを見てどれを食べようか悩み、その魚の情報を大将から根掘り葉掘り聞き出す。見る喜び、知識を得る喜び、そして食べる喜びと、まさに一石三鳥です。

頑固であまり喋ってくれない親方の場合はちょっと苦労することもありますが、上手くコミュニケーションがとれると、奥の方からとっておきが登場することも。一見さんでも、自分が選んだ魚に興味を持ってくれる客は、大事にしたくなるようです。

そんなお寿司屋さんで最も悲しいのは、大好きな「鯖《さば》」が見当たらなかった時。僕にとっては「鯖」こそ「魚の王様」なのです。しめ鯖、塩焼き、味噌煮、味醂干し、焼鯖寿司、そしてへしこ(鯖の糠漬け)。あらゆる記憶を辿ってみましたが、総合点で「鯖」のトップは揺るぎません。

全国を旅して、自慢の鯖に出会うのも幸せな瞬間です。豊後水道の関さば以外にも、八戸前沖さば、石巻の金華さば、土佐の清水さば、対馬や五島列島近海の旬《とき》さば、屋久島の首折れ鯖……。真鯖と胡麻鯖が交ざっていますが、どれも思い出すだけで涎《よだれ》が出てきてしまいます。

「この鯖、脂が乗って旨いねぇ。どちらのですか?」

「ありがとうございます。松輪(三浦半島)の釣りです」などと自慢げに答える職人さんの顔を見ながら食べると、何倍も美味しく感じられるもの。何より嬉しいのは、いくら高級でもトロほど値が張らないということでしょう。因みに、マグロもサバ科の魚。美味しい「鯖」があれば、トロに手を出す必要がなくなります。

大阪で育ったこともあり、最も馴染み深いお寿司は、実は「バッテラ」です。船(ボート）のポルトガル語「バッテイラ」から付けられたハイカラな名前。締めた鯖を薄切りにして、その上に白板昆布をのせた押し寿司の味が、お寿司の原体験として未だ味覚に影響を与えているのかもしれません。

もう一つ、悲しいシーンを思い出しました。ネタケースに「鯖」が見えているのに、大将に「お薦めできません」と断られてしまうこと。夏場に多いパターンです。「だったら仕入れないでよ」と言いたくなるのですが、色々なお客様に出来るだけ沢山の魚種を揃えなければならないのがこの商売。消費者にも責任があるのでしょう。「旬のものしか食べない」という決意が必要な時代になってきました。日本近海の魚が、著しく減ってきたからです。

地球の表面の約7割が海。当然、世界中の海に面したほとんどの国や地域において、漁業は成長産業と位置付けられています。一方、かつては世界一の漁獲量を誇っていた我が国は、右肩下がりの現状。原因は、もちろん乱獲です。漁業先進国のように、漁船ごとに漁獲高を割り当てたり、産卵期の魚は絶対に捕らないなど、きちんと資源の管理をした方が良いのではないでしょうか。

いわき市の若い友人から「福島の海が蘇っている」という話を聞きました。あの事故から3年半以上、本格的な漁が出来ないでいるからでしょう、魚の数が何倍にも増えているそうです。放射能との決着がどう付くのかは判りませんが、偉大な海の力を信じたくなる事実です。

ノルウェー産の方が、国産の「鯖」よりも美味しいという声も度々聞くようになりました。何故か？　脂の乗った美味しい時期にしか漁をしないからです。量は減っても高く売れるので収入は増えるし、消費者も大満足だし、海の豊かさは持続する。これまた、最高の一石三鳥ですね。

（2014年　10月）

8 「鍋」は日本の国民食

霜月

「鍋」が恋しい季節になりました。「鍋物」あるいは「鍋料理」と書く方が丁寧かもしれませんが、ここは親しみを込めて「鍋」とさせてください。

ひと口に「鍋」と言っても、全国津々浦々に郷土色豊かなものが散見されます。お馴染みの「寄せ鍋」「水炊き」「しゃぶしゃぶ」から、関西人としては外せない「てっちり」「うどんすき」に「はりはり鍋」。「すき焼き」や「湯豆腐」も、やはり「鍋」でしょう。家族団欒の象徴のような「鍋」は、世界に誇れる日本の国民食だと思いませんか？

『食いしん坊』のイメージが強い為か、食べることへの執着心を知られている為か、「今、○○にいるんだけど、お薦めの店ない？」

といった電話が、地方へ出張中の友人達から度々かかってきます。いろいろ案内してきましたが、その中でおしなべて評価が高かったのが、鹿児島市の繁華街『天文館』にある「黒豚しゃぶしゃぶ」のお店。肉質がいいからか、スープでしゃぶしゃぶするからか、灰汁《あく》が全く出ず、溶き卵にくぐらせて頬張ると、思わずにやけてしまう、それはそれは幸せな「鍋」なんです。

ところが、その黒豚よりも美味しい豚に、昨年出会ってしまいました。那覇の繁華街『松山』で頂いた『アグー』です。こちらも「しゃぶしゃぶ」でしたが、とにかく脂が上品で旨い！　脂肪分の組成が良くて、アミノ酸もたっぷり含まれているからだそうですが、「ほっぺたが落ちる」という陳腐な表現しか出来ませんでした。

とにかく肉でも魚でも、旨いのは脂だと信じています。「脂」の字の中には「旨」が含まれているわけで、昔からそうだったはず。先日、とあるワイナリーでテイスティングの際、何の変哲もない揚げパンを摘《つ》まんだのですが、これがまた旨いのなんの。思わず「どんな油を使っているのですか？」と訊くと、なんと「ラード」でした。さもありなん。でもやっぱり、カロリーは高いんですよねぇ。

「鍋」の話をするつもりが「豚」の話になってしまいました。ならばもう一つ『佐助豚』について記しておきましょう。岩手県の北部、二戸市で生産されている、これまた飛びっきり旨いブランド豚。この豚を使って、市内の『金田一温泉郷』を活性化させようと頑張ったことがあるのです。

「地元の食材だけを使った名物料理を作ろう！」という番組絡みの企画。地元の熱い男達と共に真剣に取り組み、4か月かけて絶品の「鍋」を世に出しました。その名も『べっぴんかっけ』。ベースは、地酒『南部美人』の特別純米を半量になるまで煮きったものと、この地域のご家庭で普段から使っている、煮干しを加えた鶏の出汁《だし》が半々。贅沢を極めました。目玉の具材は、『佐助豚』のつくねと郷土食の「かっけ」（蕎麦粉か小麦粉をこねて薄く延ばして三角形に切ったもの）です。つくねは粗挽きと細挽きのもも肉に軟骨を混ぜ、長芋のおろしに粗みじん切りも練り込むという芸の細かさ。食感を楽しめるだけでなく、実にいい旨みが出汁に加わります。「かっけ」は、定番の他に「アマランサス」や「キビ」など特産の雑穀を使ったものも考案。色とりどりで、見た目にも楽しい「かっけ」です。

食べ方は、『天文館』のお店のアイデアを拝借。溶き卵に、同じく郷土食のニンニク味噌を添え、具材をくぐらせることにしました。〆は旨みが濃縮された出汁に、雑穀入りの焼きおにぎりを入れ、おじや風にして残らず平らげていただくという仕掛け。味わい深いだけでなく大変ヘルシーな、日本中どこにもない、非の打ち所のない「鍋」の完成です。

ところが、一つ落とし穴が……。「小さい鍋は禁止」というお触れを出してしまったのです。実際「一人鍋」を試食すると別物でしたし、そもそも皆でわいわい楽しむ鍋として考え抜いたものですから。でも世の趨勢《すうせい》は、公平感のある「一人鍋」。他人と同じ鍋をつつくのは嫌だ、との意見も聞こえます。でも、そういう世の中だからこそ、大人数でつつく「鍋」が必要だと思いませんか？

（2014年 11月）

9

おせちとお雑煮とお正月

師走

「もういくつ寝るとお正月〜♪」

いくつになっても、このメロディーを聴くと、体中に幸せ感が漲《みなぎ》ってきます。貧しくも楽しかった少年時代。決まって大阪の借家での年越しでした。四人家族で炬燵《こたつ》に足を突っ込み、トランプ三昧。点数計算の係だった為、暗算力だけは徹底的に鍛えられました。

それにしても、瀧廉太郎という作曲家は素晴らしい。23歳で亡くなっていますから、実際の活動期間はほんの数年。それなのに、この『お正月』をはじめ『荒城の月』『花』『箱根八里』など、日本の歌曲のスタンダードをいくつも残しています。比べたくはないですが、留年を続けていた僕は、23歳の正月も自宅の炬燵でみかんを剥いていたはず。やっぱり長生きするしかありません。

ところで皆さんは「年末」という言葉から、どんな光景を連想されますか？　僕の場合は、小さい頃から母に手伝いをさせられた「おせち」作り。中でも「栗きんとん」の下拵《ごしら》えです。クチナシの実と一緒に煮込んで濃い黄色に染まったサツマイモを、一切れずつ丁寧に木の杓文字《しやもじ》で裏漉しをする。技術も力も必要で、子供にとってはかなり重労働でしたが、出来上がった「栗きんとん」の美味しさを想像しながら、楽しんで作業したものです。

小学校の高学年になると、今度は父からお餅を切る作業を割り振られました。大晦日が近づくと、田舎の祖母から大きな木箱が送られてきます。中には、まだ柔らかい「鏡餅」、お雑煮用の「丸餅」、焼いて食べる「のし餅」などがぎっしり。黒豆入り、蓬《よもぎ》入り、海老入りなど、蒲鉾のお化けのような数本の「のし餅」を1センチぐらいにスライスするわけです。届いてすぐだと、包丁にくっつくから駄目。年を越してしまうと今度は硬くなって、それこそ刃が立ちません。『紅白歌合戦』のあたりが、丁度いい頃合いでした。

そう言えば、元日は「刃物を休ませる日」だからと、包丁どころか爪切りも禁じられていましたっけ。そんな話もとんと聞かなくなった昨今、もちろんコンビニは元旦から営業していますし、ショッピングセンターや飲食店も年明け早々にオープンし、食いっぱぐれる不安はまずありません。世の中本当に便利になったものです。でもどこか味気ない。贅沢な悩みだとはわかっていますが。

うちの家族は、大学生の息子以外は皆仕事をしており、年末年始の休みがないもので、馴染みのお店の「おせち」を毎年注文しています。それでも、歯応えのある黒豆など定番数品と、元旦のお雑煮はカミサンの手製。僕は味見役に専念しています。お屠蘇と共に『白味噌仕立て』のお雑煮を食べないと、やっぱり一年が始まりません。

そう、お雑煮こそ、各地方の個性に溢れ、家庭による違いが顕著に表れる、日本の食文化の極みだと思いませんか？　京都系の丸餅と、江戸系の角餅、まずは大きく二つに分かれます。餅を焼くか焼かないかも大切な要素。出汁《だし》も様々。『すまし仕立て』に『味噌仕立て』、山陰地方には小豆を使った『汁粉仕立て』というのもあるそうです。具材は更にバラエティー豊か。カキが入ったり、塩ブリや焼きハゼや蛤《はまぐり》が入ったり、イクラや海苔や鰹節など、トッピングにも工夫が凝らされます。この多様性こそ、日本文化の神髄。様々なベクトルがあるワインに点数をつけて評価するような、そういう無粋なことは決してしないでほしいと切に願います。

無性にお雑煮が食べたくなってきました。「日本中のお雑煮が勢揃いしたお店が登場！」……そんな初夢でも見るとしましょうか。どうぞこのアイデア、使っていただいて結構ですよ。でも、必ず教えてくださいね。

（２０１４年　12月）

10 知的好奇心をくすぐる鰤

睦月

秋から冬にかけては、飛行機に乗っても眠る暇がありません。空気が澄んで、下界の景色がクリアーに見えるからです。出来るだけ窓際の席をキープして、小さい窓に額を押し当てます。これぞ至福の瞬間。

先日、大阪の伊丹空港から函館に飛んだ時もずっと快晴で、美しい日本列島を存分に堪能することが出来ました。圧巻は、日本海に突き出した能登半島。僕の父祖の地です。何故か目頭が熱くなるのを覚えながら、思い浮かべていたのは「鰤《ぶり》」のこと。北海道から九州に向かって南下して行く魚群が、能登半島に遮られて富山湾に吸い込まれていく様子が、目に見えるようでした。

こと「鰤」の話になると、我を忘れてしまいます。方々で食べた美味しい記憶が、瞬間的に駆け巡るのはもちろんですが、それだけではありません。この高貴な魚の立ち位置が、他とは大きく異なるからです。何故か気になる存在。知的好奇心を刺激する魚、という表現がぴったりかと思います。

まずは「出世魚」だということ。「ボラ」や「スズキ」など他にもなくはないですが、「ブリ」ほど各地で様々な呼び名をもつ魚はないでしょう。モジャコ、ツバス、コゾクラ、ワカシ、ヤズ、ハマチ、フクラギ、イナダ、ガンド、メジロ、ワラサ……頻繁に耳にするものだけを連ねても、すぐに二桁になってしまいます。我が国の「食文化」は、本当に深い！

最高級品とされる富山湾の「鰤」に、「根付き」のものと「回遊もの」の2種類ある、という興味深い話も聞きました。秋に捕れるのは、あまり泳ぎ回っていない前者で、味はそこそこ。そして『鰤起こし』と呼ばれる雷鳴と共に大時化《おおしけ》の日本海を南下して来る、たっぷり脂が乗ってかつ身の引き締まったものこそ、本来の『寒鰤』なのだそうです。漁法は、昔ながらの「定置網」。もちろん浜値も跳ね上がります。

とは言え、冬場に水揚げされるもの全般を『寒鰤』と呼ぶ慣習もあり、あとは値段で判断するしかありません。しかしながら、更なる混乱の種もあります。スーパーなどの魚売り場で既にお気付きかもしれませんが、養殖の技術革新のおかげで、「養殖ブリ」が「天然ブリ」と同じ価格か、時には高くなっているという事実。何故か？「養殖もの」より安い「天然もの」は、実は「巻網」という漁法で捕ったからなのだそうです。長時間かけて、それこそ一網打尽にするので、手作業である「定置網」に比べて、傷もつき鮮度も落ちるからでしょう。

さらに先日の函館では、一本釣りの「鰤」を『神経締め』したものを頂きました。青森県の『大間のマグロ』と並んで有名な、対岸の『戸井のマグロ』をご存じですか？その戸井の漁師さんたちが、「鮪」でなく「鰤」を津軽海峡で一本釣りしているのです。針金を使った神経締めを施すと、ゆっくり熟成し、4～5日後に美味しくなるとのこと。なるほどその通りでした。

そんな「鰤」ですが、子供の頃、好んで食べた記憶はほとんどありません。当時の大阪には、今ほど新鮮な魚が入っていなかったのでしょう。唯一覚えているのは、年末になると富山の伯母が忘れず父に送ってくれた『蕪寿司《かぶらずし》』。あの糀漬けの蕪の切り込みに挟まれた、薄切りの「鰤」の旨さだけは、ちょっと別格でした。

氷見の浜辺で丸焼きにした10キロは優に超える『寒鰤』も忘れられません。漁師さんの中にも序列があり、一番上の人がまず一番美味しい部分を口にします。それは、どこか？　何と鼻の上の皮だったのです。ゼラチン質で噛み応えも抜群。噛めば噛むほど旨味が出てきて正直驚きました。

知識の積み重ねで、その地位がぐんぐん上がってきた「鰤」。最初から文句なく好きだった「鯖」とは、そこが違います。この魚を、大好きだと発言しても良いのだろうか？　でも、美味しい記憶はどんどん積み重ねられ……。

今回ほど書きたいことがたくさんあって、紙幅に収めるのに苦労したことはありません。


（2015年　1月）

11 筍と竹の秋

如月

食べ物の「好き嫌い」というのは、遺伝すると思いませんか。家族揃って食事をするうちに、献立にしろ味付けにしろ、親の好みを子が受け継ぐのは、至って自然なことでしょう。ところが、既に克服して現在ではむしろ好物になっている「元苦手なもの」を、そんなことは知らないはずの娘や息子が全く自分と同じように敬遠しているのを見ると、叱らなければと思う半面、愛おしささえ感じてしまいます。

「椎茸」「茄子」「帆立」「うに」「牡蛎」「白子」「鮟肝」……。未だにうちの子供達が箸を付けない食材です。何を隠そう僕自身、これらの難敵をクリア出来たのは、早くて大学生時代、遅いものは三十路になってからのこと。特に『くいしん坊！万才』が大きな役割を果たしてくれました。もちろん例外もあります。その代表こそ「筍」なのです。

何故だか判りませんが、ずっと苦手でした。竹を食べるということ自体に、無意識の抵抗感があったのかもしれません。それが大好物に変わった瞬間のことを、今でもはっきりと覚えています。隠れ家ふうの、一風変わったワインバーでの一幕。まだ真冬というのに、

「鹿児島の筍が美味いですよ。焼きで良いですね？」

と、有無を言わせない感じでオーダーをとられ、40分後に供されたのは、拳大《こぶし》の皮付き。熱いのを我慢して、切れ目から焦げた皮を剥くと、中から枇杷《びわ》ぐらいの大きさの、湯気を立てた白い「筍」が姿を現しました。これは食べずにいらりょうか。香り、歯触り、味わい、まさに絶品でした。

閑話休題。世の中が便利になり、食べ物の季節感が薄れてきた昨今、逆に頻繁に用いられるようになった気のする「旬」という言葉が、元々は「10日間」の意味だったことをご存じでしょうか。上旬、中旬、下旬というふうに期間を表す漢字です。この「旬」という漢字に「竹かんむり」をつけたら「筍」。一日に1メートル伸びることも

あるこのイネ科の植物の芽は、10日間で竹に成長することから、この漢字が当てられたのですね。

高校進学と同時に、我が家は大阪の寝屋川市に引っ越しました。新しく造成されたベッドタウンで、団地の周辺にはまだまだ自然が残る、なかなか良い環境。暗くなると通るのが怖いような、竹林に挟まれた抜け道を時々使ったものです。春になると、当然その地面からニョキニョキと「筍」が生えてきます。でも全く興味はナッシング。見るのも臭いを嗅ぐのも、出来れば遠慮したいものなのですから。ある夕方、ちょっとムシャクシャしていたのでしょう、その鬱憤を「筍」にぶつけてしまったことがあります。軽くキックしたつもりなのに、簡単にボキッ！　面白くなって3本ばかり蹴飛ばして、捨てておくのももったいないので家に持って帰りました。思えば、あれほど親に喜ばれたことはありません。

毎年、桜が散る頃になると、京都の古い知人から「筍」が一籠送られてきます。初物の時期が益々早まり、年が明ける前から出回る一寸困った風潮の中、心底ほっとさせられる瞬間。これこそ季節の便りですね。残念ながら家を空けていることが多い為、自分が口に出来るのは稀ですが、いつの間にか姿を消しています。それは良しとして、子供達が「筍」を好きだという事実だけは、どうも納得がいきません。昨シーズンは、料理男子の息子が『筍ご飯』を作ったとか。今年は必ず味わうつもりです。

俳句を始めてすぐ、晩春に使われる「竹の秋」という美しい季語を見つけました。「筍」に栄養を与えて緑の葉は枯れ、そして初夏になると、若竹に陽の光を当てる為に落葉する。なんという親心。見習いたいものです。

（２０１５年　２月）

12

蛤は日本の春の味

弥生

長い間「端境期《はざかいき》」のことを「葉境期」と、固く信じていました。農家の方と話す時に、かなり頻繁に出てくる言葉だったからでしょうか。「夏野菜」と「冬野菜」が入れ替わる時期、つまり3月から4月にかけてと9月辺りは、出荷出来るものがなくなり困ってしまう、そんな文脈の中でです。葉物に限らず野菜には必ず葉っぱがある。因《よ》って「葉境期」。子供っぽい発想ですね。

そう、言うまでもなく日本の食文化の基本は「米」でした。「端境期」とは元々、新米が出回る少し前の期間のこと。昨年の米が底をついてきて、どうやって食い繋ごうかと困ってしまう「秋口」を指す言葉だったのです。

お寿司屋さんでも、

「今は端境期であんまりネタがなくて困るんですよね」

という謙遜を込めたぼやきを聞くことがよくあります。それもたいてい春先。もちろん今の世の中、細長い日本列島の北から南から様々な魚種が入ってくるのですが、何が何でもこの時期に食べたい握りは「煮はま」です。時間をかけ丁寧に仕事を施された、プックリふくらんだ「蛤《はまぐり》」。関西人も唸る、江戸前寿司の芸術品と言っても良いでしょう。

前項の「筍」と同じく、実は貝類もまた、子供の頃は苦手な食材でした。春の風物詩「潮干狩り」に行っても、何が面白いの？といった感じ。綺麗な貝殻を拾う方が、ずっと楽しかったように覚えています。それでも身が小ぶりな「浅蜊《あさり》」は、学生時代にスパゲッティの具としていつの間にか好んで食するようになっていましたが、「蛤」の旨さに気付くのには、さらに長い年月が必要でした。ご多分に漏れず乱獲の為、美味しい国産のものはすっかり高級食材になってしまい、なかなか手が届かなかったのでしょう。

とは言え、貝塚から出土する貝殻の8割方は「蛤」とのこと。縄文の昔から、日本人の舌は肥えていたのですね。そのＤＮＡが僕にも受け継がれ、大人になって表に出てきたような気がします。

「煮はま」も「焼き蛤」も「蛤真薯《しんじょ》」も、思い浮かべるだけで何《いず》れも涎《よだれ》が出てきますが、徹夜でこの原稿を書いている今、最も体が欲しているのは、名古屋の日本料理の名店『匠』の「潮汁《うしおじる》」です。一つ何百円もするであろう鹿島灘の「蛤」を幾つ使っているか判らない、白濁した滋味たっぷりの出し汁の味……残念ながらどうしても表現出来ません。もちろんお椀に入れる「蛤」は新しいものですし、エキスをとった後の貝の身は賄いに回すということも確認しています。念のため。

昔から、結婚式の祝い膳には「蛤のお吸い物」が供されてきました。対《つい》になる貝殻としかピタリと合わない「蛤」の特性から「夫婦和合」の象徴とされてきたからですが、体力をつけて子孫繁栄を願う意味も、あったのではないでしょうか。因みに、新婦は出汁《だし》を飲んでも良いが、身を食べてはいけないそうです。

料理からは少し離れますが、「蛤」の出汁を使ったカクテルをご存じですか？　カナダ生まれの『ブラッディーシーザー』。ウォッカ＋トマトジュースという有名な『ブラッディーマリー』のアレンジ版です。普通は『クラマトジュース』という、「蛤＆トマト」の缶ジュースでウォッカを割るのですが、東京の恵比寿にある『オーディン』というバーでは、生の「蛤」をふんだんに使うという、とんでもない試みをしています。ですから、お店で飲めるのはトマトもまた旬の4月と5月ぐらい。十数年通っているお店ですが、季節の素材に拘《こだわ》り過ぎて、恐らく日本一原価率の高い、まるで寿司屋のようなカクテルバー、つぶれないことを祈っています。

（2015年　3月）

13

未年の春には

卯月

今回のテーマは「羊」。未年《ひつじ》に敬意を表しつつ、何よりも春になると「ラム」が食べたくなる自分の生理に忠実に、というややこじつけの理由にしておきましょう。

羊肉と言えば「ジンギスカン」。学生時代は自炊していましたから、安くて日持ちのする「味付けマトンの真空パック」は重宝しました。ご飯を炊いて味噌汁を作り、あとは玉葱やキャベツをザク切りにして肉と炒めるだけで大ご馳走。フライパンで作る「一人ジンギスカン」は、美味しくて元気になるエネルギーの源でした。

今でも、すすきの辺りで羊を焼く香ばしい煙に遭遇すると、京都の青春時代にタイムスリップし、お腹が一杯でもふらっと入ってしまいます。生ビールも注文しますが、やはり白いご飯は欠かせません。

しかしながら札幌には、更なるお気に入りが存在します。『北海しゃぶしゃぶ』。すすきのの交差点に立てば必ず目に留まった派手な看板こそ、料理ではなくお店の名前です。こちらの名物「ラムしゃぶ」は本当に旨い。しかも安い。ニュージーランド産のロール肉を半解凍し薄くスライス。くるっと丸めたラムをグツグツ煮えた出汁《だし》にさっと潜らせ、甘酸っぱいタレをつけて頂く極めてシンプルなものです。それが本当に幾らでも食べられてしまう。札幌でロケなどがあると、若いスタッフ達を連れて「食べ放題」でお願いするのですが、面白いように大皿から肉が消えていきます。一度、茹でたての毛ガニが丸ごと2杯サービスで出てきたことがありました。ところが、みんな見向きもしないで「ラムしゃぶ」をお代わりしていた、なんて事実を報告すれば、如何に美味しいか想像出来るのではないでしょうか。ただし、今は看板がないそうです。念の為。

「マトン」と「ラム」の区別は、地域や国によって若干のばらつきがありますが、生後1年未満の繊細な羊肉を「ラム」と呼んで珍重されるのが一般的です。でも、ジンギスカンには癖のある、いえ、香りの強い「マトン」の方が断然向いていると思いませんか？　また、この二つの間に、両者の長所を兼ね備えた「ホゲット」という分類も存在します。これをきちんと説明出来るギャルソンのいるレストランは、恐らく本物ですから、一度試してみてください。

　フランス料理を本格的に食べ始めた頃、一番驚いたのは「羊肉の地位の高さ」でした。「牛肉こそ肉の王様」と信じていた日本人的価値観が崩れた瞬間。ヨーロッパにおいても、中近東においても、人類と最も長い付き合いで大切にされてきた家畜は、他でもない「羊」だったのです。何となくかわいそうな『アニョ・ド・レ』（未だミルクしか飲んでいない子羊）や、モン・サン・ミッシェルが有名な『プレ・リレ』（海の側の塩っぱい草を食べた羊）など、格好良い言葉も幾つか覚えました。「ジンギスカン」や「ラムしゃぶ」に比べて高すぎるお値段に、少なからずムッとしながらも、ついつい「羊」をチョイスしてしまう自分に、笑ってしまいます。

　ところで、日本にも素晴らしい『プレ・サレ』が存在するのをご存じですか？　北海道の羽幌町の沖、善知鳥《うとう》の繁殖地として有名な『天売島《てうりとう》』の手前にある『焼尻島《やぎしりとう》』。この小さな島で、潮風に晒されたミネラルたっぷりの牧草を餌に、サフォーク種という顔の黒い羊が大切に育てられています。年間約200頭しか出荷されず、地元の人でも滅多に口には出来ない高級品。でも毎年夏に開催される『焼尻めん羊まつり』(今年は8月8日の土曜日)に行くと味わえますので、ご興味のある方は、是非!

ここのボスで、羊博士の大井公世さんのお話です。

「羊は、日が短くなってくると発情し繁殖行動に移ります。妊娠期間は約5か月。生後しばらくミルクで育ち、草が生えて来る頃、それを自分で食べられるぐらいに成長しているんですよ。」

自然の営みは、実に理に適っています。「ラム」を春の食材と決めつけたのは、間違いではなかったようですね。

(2015年 4月)

14

じゃがいもは奥が深い

皐月

いきなりはたと困ってしまいました。今回の主役と決めたこの野菜、日本語だから当然「じゃがいも」と書くべきか？それとも、400年程前とは言え、ジャワ島のジャカトラ（ジャカルタ）から入ってきた外来種だから「ジャガイモ」が妥当なのか？「馬鈴薯」と書いてルビをふることも考えましたが、そのルビ自体も平仮名にするか片仮名にするか……。その一方で、男爵系は「じゃがいも」でメークイン系は「ジャガイモ」と、何故かそんなイメージを持っています。この際、混在を前向きにとらえ、お許しください。

いよいよ「新ジャガ」の季節になりました。と言っても、九州のものは既に早春から出回っています。日本列島は広いし日持ちのする食材ですから、旬をなかなか感じ難い「じゃがいも」。因《ちな》みに俳句の世界では、秋の季語になっています。また「馬鈴《ばれい》薯《しょ》の花」や「新ジャガ」は夏。もし、これからの季節に北海道へ行かれたら、薄紫から白っぽい可憐な花を、是非お探しください。心を奪われること請け合いです。

初夏はまた、北海道の「ジャガイモ」にとって、第二の旬でもあります。秋に収穫した芋は、寒い冬を越すことによって甘みが増す。初めてこの話を聞いた時、まさに「目から鱗」でした。凍ったら細胞が死んでしまいますから、生命維持装置のような仕組みが働いて、自らでんぷんをショ糖に変える。即《すなわ》ち水分の凝固点を下げるというのです。川や湖の水はすぐに凍っても、海の水はなかなか凍らない、という現象を思い浮かべると良いかもしれません。塩だけではなく、砂糖でも同じような現象が起こるのです。まさに自然の神秘。雪の下で筵《むしろ》に包まれ一冬越した「ジャガイモ」の甘さは、何に喩えれば良いのでしょう。まるで、キタキツネにつままれたような気持ちでした。

あまりにも身近な「じゃがいも」ですが、本当に奥が深い。これまでの人生を振り返り、特に強烈な印象を受けた料理を、何とか三つに絞ってみました。

一つ目は『ヴィシソワーズ』。出会ったのは、恐らく西洋料理が日本になだれ込んできた万博の後ぐらい、即ち中学生の頃でしょうか。ポテトを裏漉《うらご》しして生クリームを加えた、葱の香りがまた格別の冷たいポタージュです。今でも大好きでメニューに見つけると迷わず頼んでしまうこのスープは、フランス中部の町の名前に由来する「ヴィシー風」という意味。第二次世界大戦中、ナチス占領下の『ヴィシー政権』があったことで有名ですね。ですからつい最近まで、フランスの地方料理だと信じて疑いませんでした。まさかヴィシー出身のシェフがニューヨークのホテルで発明した料理だったとは……。二度目のパンチを食らった気分です。

二つ目は、二十数年前のこと。函館で頂いた「じゃがバタ」でしょうか。今では結構ポピュラーになったようですが、塩辛が乗った「じゃがバタ」には心底驚きました。恐る恐る口に運んで、その旨さにまた吃驚《びっくり》。

三つ目は、ドイツのライン川沿い。『ローレライ』の向かい辺りのドライブインで摘《つ》まんだ「フライドポテト」。ひまわり油で揚げたこのフレンチフライを超えるものには、20年近く出会っていません。フレンチフライと言いながら、こちらは元々ベルギーが起源。驚きという要素は、確実に料理を楽しくしてくれます。「コロッケ」「肉ジャガ」「ポテトサラダ」「カレーライス」に「おでん」、他にも定番が目白押し。居酒屋が大好きですが、そのメニューの中に「ジャガイモ」がなかったらと考えると、ぞっとします。どこにでもあるので深く考えたことはないけれど、ないと困ってしまう。「じゃがいも」とは、まるで空気みたいな存在です。

（２０１５年　５月）

15

「魚へん」に「占う」と書く魚

水無月

味わったことがなくとも、小学生の頃から「鮎《あゆ》」という漢字は書くことが出来ました。『鮎原こずえ』様のおかげです。「だけど涙が出ちゃう、女の子だもん」という主題歌の中の科白が今も忘れられない、一世を風靡したテレビアニメ『アタックNo.1』のヒロインの名前。その美しい響きで、「鮎」という魚がたいそう身近な存在になっていたのです。

しかし、どうして「魚へん」に「占う」と書いて「あゆ」なのか。一説には、縄張り意識が強く自分の領域を占有したい、つまり「占めたい」魚だからなのだとか。その、自分に近寄ってくる魚に体当たりして追い払おうとする性質を利用したのが『友釣り』。柔らかなネーミングとは裏腹に、エネルギッシュな性質のようです。

他にも、胡瓜や西瓜の香りを帯びていることから「香魚」、一年で一生を終えることから「年魚」などと書いたりすることも。クイズ番組にも、その読み方が度々出題されていますが、実は大陸から文字が伝わるよりずっと昔、日本列島に高度な文化を刻んだ縄文人にとっても、大切な魚だったようです。

「鮎」と聞いてまず思い浮かべるのは、川原の焚き火で焼かれている風景ではないでしょうか。串刺しにされ、斜めに立てられて。その際、たいてい頭が下、尻尾が上になっています。当然のように見ていましたが、何故だかわかりますか？　明確な答えを出してくださったのは、※六本木の三つ星レストラン『龍吟《りゅうぎん》』の山本征治さん。

「熱い脂が頭に流れてきて、唐揚げ状態になるんです。昔ながらの料理には、必ず理由があります。」

ただし串の角度は、緩やかな方が良いそうです。でないと脂がポタポタ落ちてもったいない。そのように備長炭で焼き上げた『龍吟』の小ぶりな鮎は、もちろん頭から食べられます。先程まで生きていた命を、感謝しながら丸ごと頂く、有り難くまた、至福の時間。

兄弟子にあたる神田裕行さんも、「鮎」に対する拘《こだわ》りは人一倍です。昨年は、産地による違いを経験させていただきました。確か長良川と保津川。川によって味が異なるということを実証する、大変マニアックな試みです。でもそれさえも、年によって違う。つまり、餌によるのだそうです。鮎は石に付着している藻を食べるのですが、天候によりその成育状態は変わります。太陽の光が川底にしっかり届けば、それだけ光合成も盛んになる。まさに自然の面白さです。何より春先の天候が大切だと、神ちゃん。彼のお店、元麻布の『かんだ』も、ずっと三つ星を獲得し続けています。ミシュランの星があればそれで良いとは思いませんが、理《ことわり》を極める料理人をきちんと評価しているのは、やはり嬉しいことですね。

観光立国を目指す日本にとって「食」は大きな武器。と同時に「生産の現場」というものも大切なコンテンツです。「鮎」で言うなら「鵜飼い」。こんなに面白い見せ物はなかなかありません。中でも、岐阜県関市の『小瀬《おぜ》鵜飼』はお薦めです。停泊している船から眺めるのが一般的ですが、小瀬では『狩り下り』といって、鵜飼い船に合わせて屋形船も漕がれるという併走方式。辺りも真っ暗なので、穏やかな長良川の流れに合わせ、篝火《かがりび》だけの昔ながらの漁を堪能出来ます。ただ、満月の夜は操業しないのでご注意ください。

そちらで聞いた話ですが、「鮎」は古から世相を占うものでもあったそうです。川に甕《かめ》を沈めて、「鮎」の入りで判断したとか。それ故「魚へん」に「占う」で「あゆ」となったのでしょうか。

と、ここまで書いてきて、改めて漢和字典のページを繰《く》ると、衝撃的な事実が。漢字が日本に入ってきた頃からこの字はあったものの、意味は「ナマズ」だった！　ということは「地震を占う魚」……でしたか。

（２０１５年　６月）

※『龍吟』は２０１８年８月下旬より日比谷に移転。

16

一富士二鷹三茄子……

文月

歴史好きです。大学受験の時の社会の選択も当然、日本史と世界史の2科目で挑戦。その時の記憶のお陰で、今もクイズ番組で歴史の問題が出されると、結構ポイントを稼ぐことが出来ています。一方、苦手なのが「若者ことば」の類い。何でもかんでも略して喋られたりすると、「もっと日本語を大切にしなさい！」と、思わず小言を言いたくなる。わからないから悔しいのが本音ですが。

しかしながら、こと歴史となると甘くなる自分がいます。歴史が好きな女性、即《すなわ》ち「歴女」なる言葉など、本来は駆逐したいはずなのに気がつくと使っている。しかも、見目麗しい女性しか想像出来ない。困ったものです。

そんな訳で、やや呼称に抵抗を感じつつも、ゲストとして参加したのが、この2月に山口市で開催された『歴食JAPANサミット』の第1回大会。「歴食」とはもちろん「歴史的な食事」のこと。地元の『平成大内御膳』をはじめ、アカデミックな研究に基づく全国の再現料理の事例発表が行われました。その中で最も古い時代のものが『奈良パークホテル』の『天平の宴』という宮廷料理。素晴らしいコースでした。そして、その中に「茄子」が使われていたのです。メニューの記載は『奈須比』。正倉院の古文書によるものでしょう。

前置きが長くなりました。「茄子」は奈良時代には既に栽培されていた、日本人にとって大変馴染みの深い野菜だと、この一言を言いたかったのです。

歴史が長いということは、即ち種類も豊富だということを意味します。その数ざっと200種類。それも、効率的に作る為に、あるいは一年中収穫する為に近年開発された品種ばかりではなく、各地方に根付いた個性的なものが多いのが特徴です。交通網が発達しておらず、また情報も少なかった時代、大陸から伝わってきた「茄子」が、その土地の気候風土に適応して大きさを変え形を変え、平成の世の私達を楽しませてくれている。これこそ食文化だと思いませんか？

京野菜の代表格の『賀茂なす』、最近は東京でも一般的になった泉州の『水なす』、優に40センチはある『熊本赤なす』、からし漬けにすると美味しい丸形子なすの代表、庄内の『民田《みんでん》なす』、加賀野菜に認定されている『ヘタ紫なす』など、思い出すだけで楽しくなってきます。

色も紫だけではありません。白いもの、緑色のもの、縞模様のものまであります。蛇足ですが、黒い葡萄が最初は緑色をしているのと同様、「茄子」も最初は白く、熟するに従って色がついてくる。植物は、身(実)を守る為に抗酸化物質を表面に集めるからだそうです。英語では「エッグプラント」ですが、色づく前の「茄子」は、本当に卵と見間違えてしまいます。

煮る、焼く、炒める、漬け込む、料理のバリエーションが多いのも「茄子」の特徴でしょうか。昨今は生で食べる機会も増えてきました。『水なす』を手で割いて、スライスしたパルミジャーノ・レッジャーノを乗せエキストラヴァージンを垂らすイタリアンなサラダなど、絶品です。

『水なす』というと忘れられない光景があります。旧知の農家の方が、畑で『水なす』

の説明をされた時のこと。無造作に実を握ると、まるで雑巾を絞るが如く水が流れ出てきたのです。思わず口を運びましたが間に合わず。昔の人は水分補給の為に、畑の片隅に『水なす』を植えていたという話を思い出しました。

ここまで何度も「茄子」という字が登場しましたが、どう読まれていましたか？もちろん「なすび」ですよね。でないと江戸時代からの諺「一富士二鷹三茄子」が字足らずになってしまいます。略すのはやめましょう。

（2015年 7月）

17

実に厄介で本当に美味しい鮭

葉月

「食欲の秋」になりました。もちろんこれには理由があるはず。気温が下がってくると、体温を保つ為により多くのカロリーが必要となり、その為にはたくさん食べなくてはならないので、その信号として空腹感が増す。こんな解釈は如何でしょうか？

「実りの秋」という表現も大好きです。日本の食文化を考えると、元々はお米のことだと思いますが、とにかく美味しいものが、山から海から田畑から「冬に備えなさい」と言わんばかりに次々に登場。世の中、実によく出来ています。

その中で、今回のテーマは「秋味《あきあじ》」。僕がその昔CMに出ていたビールのことではありません。我々の食卓を彩る、実に厄介な「鮭」のことです。

厄介な理由はいろいろあります。まずは呼び方。そもそも「サケ」と「マス」の違いがはっきりしていないのです。いずれも「サケ科」の魚ですが、例えば『キングサーモン』のことを日本では『マスノスケ』と呼びますし、記憶に新しい「シャケ弁当」事件は、『サーモントラウト』を使っていたから問題になったのでした。英語では「サケ」が「サーモン＝ｓａｌｍｏｎ」で「マス」が「トラウト＝ｔｒｏｕｔ」。海にいるのが「サケ」で川にいるのが「マス」かと思ったら、そうとも限らない。因みに件《くだん》の『サーモントラウト』は、『ニジマス』を海で育てて大きくしたもので、生で食べられるサーモンの握り寿司には、ほとんどこちらが使われています。

「本当は鱒なのに鮭と偽るのは如何なものか」

というクレームですね。

せっかくなのでもう少し付け加えておきますと、『八幡平サーモン』や『甲斐サーモン』は『ニジマス』で、『信州サーモン』は『ニジマス』と『ブラウントラウト』を掛け合わせた新種ということ。身がサーモンピンクの魚は、おしなべて「サーモン」で良いじゃないかと個人的には考えていますが、この「サケマス問題」は余りにもややこしく、未だに各国で研究途上のようです。

日本の朝ご飯の代表的なおかず「塩ジャケ」になるのは、ほとんどが『シロザケ』という種類です。岩手県の久慈市で定置網漁に参加したことがありますが、元気一杯の銀白色の鮭が面白いほど網に入ってきました。一度にたくさん捕れた魚を保存する為の「塩蔵」。物足りなさを感じる甘塩のものが主流になってきたのは時代の流れでしょうが、この「塩ジャケ」ほど味の振れ幅の大きいものも珍しいと思います。厄介な魚です。

4年間外洋を回遊していた「鮭」は生まれた川に戻り、子孫を残す為に最後の力を振り絞って産卵し、その一生を終えます。栄養分を卵や白子に取られるので身はどんどん痩せていき、値段の方も下がっていく。反対に、沖で捕れた個体ほど脂がのって美味しいとされます。春から夏にかけて出回る『トキシラズ』は最たるもので、高価でも食べると納得。贅沢品です。

部位による差も大きく、中でも「ハラス」と聞くと涎《よだれ》が出てしまいます。フランス料理のフルコースを食べた後でも、料亭で会席料理を食べた後でも、「ご飯とハラス」の誘惑には勝てません。

「鮭」はアイヌ語で『カムイチェプ』。「神の魚」という意味だそうです。そして、長い旅の末に産卵を終え、ぼろぼろになったものは『ホッチャレ』と呼び、アイヌの人達は、主にこの時期のものを食用としていたとのこと。もちろん資源の保護にもつながっています。

「鮭」に限りません。食べ物を「富」とのみ考えるのではなく、自然の摂理とどう折り合っていくか、これこそ厄介な、そして大切な問題です。

（2015年　8月）

18

新米の季節に思う

長月

――普段はその有り難みを意識しないけれど、なければ生きていけないものを、三つ挙げてください。

まずは「空気」ですね。そこからの連想と、若干のヨイショも込めて「カミさん」が続き、そして「ごはん」ということになりますか。

――世界中で美味しいものを食べ歩かれているようですが、今までで一番美味しかったものは何ですか？

炊きたての「ごはん」です。

――人生の最後に食べたいものは？

真っ白い「ごはん」に香り高い焙じ茶をかけた、シンプルな「お茶漬け」しかないでしょう。

これには、補足が必要です。それほど珍しいことではないと思いますが、我々兄弟は昭和一桁生まれの両親の躾《しつけ》で、お茶碗に一粒たりともごはん粒を残すことを許されませんでした。「お百姓さんに申し訳ない」からです。しかしながら、箸を使い始めたばかりの子供に、そんなことは至難の業。そこで父が薦めたのが、お茶をかけて啜《すす》ることだったのです。三つ子の魂百まで、今でもこの習性は抜けず、「お茶漬け」を食べないと食事が終わった気がしません。今はさすがに減りましたが、高級レストランでフルコースを食べても何か物足りず、白い「ごはん」と鮭ハラスで締める、なんて日常でした。もちろん最後は「お茶漬け」です。

そう言えば、辰巳家の斜め向かいはお米屋さんでした。当時は、町の名士といった存在。我が家には未だ電話がなく、緊急の連絡があった時など、きれいな奥さんが時々呼び出しに来てくださっていました。昭和30年代後半のことです。もはや戦後ではなくなり、市民が普通に白米を食べられるようになったばかりの頃。でも皮肉なことに、大量の小麦がアメリカから輸入されるようになり、学校給食にはパンがあてがわれ、食生活が大きく変化し始めた時代でもありました。

もっと皮肉なことがあります。日本の米の生産量を、最盛期の半分近くまで減少させたアメリカ合衆国を、何故「米国」と書くのか。単なるいちゃもんです。他意はありません。

昨今の日本人の米離れに危機感を感じているからなのか、歳を重ねるにつれて「ごはん」に対する愛着が強まってきているような気がします。牛丼でも、パックのものでも、とにかく白い「ごはん」さえあれば幸福。考えてみれば安上がりです。

食べる方ばかりではありません。田園風景にまで、痛く心を動かされるようになってきました。在来線に乗ると、子供のように車窓から景色を眺める。棚田があると聞くと、スケジュールを変更して見に行き、「田毎《たごと》の月」ならぬ「田毎の夕陽」が見えるポイントを探す。先日ギリシャを旅した時も、マケドニア地方のアレクサンダー大王生誕地の近くで水田を発見し、郷愁の念に胸が苦しくなるほどでした。

八十八歳のことを米寿と呼びます。「米」の字を分解すると八十八になるからです。「米を作るには八十八の手間がかかる」とも言われていますが、これは後付けでしょう。

いずれにしても、2000年以上に亘り「米」を作り続けてきたことによって、日本人の勤勉さや粘り強さ、自然を敬う心などが培われたという説を、ややこじつけくさくはあれど、僕は支持します。だからこそ「米」をもっと大切にしなければ。「稲」の語源は「命の根」で、「米」は神秘的なものが、生命力が籠められた作物だから「コメ」なのだそうですから。

となると、冒頭で「ごはん」と「カミさん」を並べて敬ったのは、強《あなが》ち間違ってはいませんでしたね。

(2015年 9月)

19

晩秋の土佐で食したい「戻り鰹」

神無月

食をテーマにした国際博覧会、略して『ミラノ万博』において、日本館は一日平均1万人以上が訪れる大変な人気。和食の幅の広さと奥の深さを、しっかりアピールし、予想を超える大成功を収めました。関係者の皆様の、何年も前からのご苦労の賜物。日本人として本当に嬉しいですし、心から敬意を表させていただきます。

その困難な交渉の一つが「鰹節の壁」。日本料理の根幹でもある「鰹節」は、黴《かび》が付いているとか発癌性があるとか指摘され、現在※EU域に輸出出来ないのです。幸い外交努力が実り、万博会場内に限り許されたそうですが、7月に行われた『ジャパンデー』のレセプションパーティーが開かれたのは会場の外の宮殿。結局スペイン産の「鰹節」などで出汁《だし》をとらざるを得なかったという話も耳にしました。小さいけれども重大な「文明の衝突」ですね。

日本人と「鰹《かつお》」との付き合いが古いのは、縄文時代の貝塚からその骨が出土していることからも確かなようです。しかし足が早い魚だからでしょう、干して堅くなったものが調味料として、あるいは保存食として流通していたという記述が残っています。堅い魚だから「堅魚《かたうお》」と呼ばれ、それが転じて「鰹」になったとのこと。奈良時代には税として納められていたそうですから、昔から貴重な魚だったことは間違いありません。

その後、江戸時代には干したものを燻《いぶ》す手法が考案され、さらには表面に黴を付けるという技が編み出され、より堅くより旨く「鰹節」は進化を遂げていきました。

さて、堅い話はこれぐらいにしておきましょう。今回のテーマは、軟らかい「鰹」の方です。それも「戻り鰹」。秋の味覚は数あれど、これを外すことは出来ません。

暖かい海域を泳ぐ「鰹」は黒潮に乗り、春から夏にかけて日本列島の太平洋岸を北上して行きます。そして秋になって寒流である親潮の勢いが強くなると、たいていは三陸沖でUターン。この暖流と寒流のぶつかり合うところは生態系的にも大変豊かで、魚達はしっかり餌を食べて丸々太るというわけです。水温が低いと、脂肪もつきます。その量は「初鰹」のざっと10倍。その脂肪の質がまた素晴らしい。キリッとサラッとしており、幾らでも食べられてしまいます。「走り」を珍重する江戸っ子の皆様には申し訳ありませんが、「初鰹を食べずに我慢して、大きく育てましょうよ」と、広く世に問いたい心境です。

「戻り鰹」も、地方によって捕れる時期が違います。秋口の関東沖から東海沖を経て、晩秋には四国沖へ。どんどん脂も乗ってきます。やはり極め付きは、土佐の一本釣りによって、その日に水揚げされたばかりの、高知のものでしょう。『高知県観光特使』を務めているから言うのではありませんが、11月の「鰹」は全く別の魚です。食べ方は、特産の『直七《なおしち》』という酢みかんと、地元の海塩を使った塩たたき。

「これを食べずして鰹について語ることなかれ！」

5年前のインタビューでは、思わずそう叫んでいました。

ところで「ツナ缶」や「シーチキン」の缶詰には「鰹」もよく使われています。最初は「あれっ」と思いましたが、よく考えてみると「鰹」も「鮪」と同様、英語圏では「ｔｕｎａ」なんですね。いずれも眠っている間も泳ぎ続ける、近縁種の赤身の魚。漁業交渉など公式の場でも「かつお・まぐろ漁」という具合に、一緒くたに論じられることが多いことでも判ります。一方、暖流域の魚をよく食べるラテン語系の国々では「ｂｏｎｉｔｏ」という単語で「鰹」を「鮪」から区別。食文化は、確実に言語に反映されるようです。

蛇足ですが、注意を一つ。イタリアを旅行される際は、「カツオ」とか「カツオブシ」という言葉を、特にご婦人方の前では口にしないようにしてください。「ｃａｚｚｏ《カッツォ》」は「男性自身」を指すスラングだと、その昔、ローマ在住の日本人「カツヤ君」からこっそり教えられました。

（２０１５年　10月）

※２０１７年６月より、ＥＵ基準に適合させた鰹節を、一部業者が輸出開始。

20

みかんは家族の団欒そのもの

霜月

先日『三ヶ日《みっかび》みかん』の「機能性表示食品[※]」としての届出が、消費者庁に受理されました。「β-クリプトキサンチン」という成分が含まれている為、食べると骨を健康に保つことが出来るという理由で、生鮮食品としては初めてのケースです。この4月に始まったばかりの制度なので、今後どのように展開し、どのように市場に影響するかは定かではありませんが、みかん農家の皆さんには、大変嬉しいニュースだったに違いありません。

関西人にとって「みかん」の産地と言えば、『有田《ありだ》みかん』に代表される和歌山県がまず浮かぶでしょう。続いては、恐らく『ポンジュース』でメジャーになった愛媛県。残念ながら、現在は静岡県浜松市の一部、浜名湖の北に位置する三ヶ日町を思い浮かべる方は少ないはず。でも僕は違います。青春時代の甘酸っぱい思い出があるから。はい、もちろん「みかん」の……です。

授業に出ずとも殆どの単位を取れた京都大学に入ったおかげで、芝居に明け暮れることを許されていた学生時代、東京の演劇事情を自分の目で確かめようと、年に何度か上京していました。貧乏学生に新幹線はとうてい無理。でもちょっとだけ贅沢をして、国鉄の夜行バスを選択。在来線を大垣で乗り継ぐのが一番安かったのですが、熟睡出来ることを重視して奮発しました。その『ドリーム号』が必ず立ち寄るのが、東名高速の三ヶ日インターを降りて直ぐの処に設けられていた、長距離バス専用の休憩所だったのです。

停車時間は、約30分。照明がやけに眩《まぶ》しく感じられた掘っ立て小屋には、うどんのカウンターがあり、土産物も幾つか並び、そして必ず袋詰めの「みかん」が、その存在を誇示していました。当然、買ってしまいますよね。一人旅の無聊《ぶりょう》を慰めてくれた「みかん」。樹に生《な》っていても目に飛び込んでくる輝きや色彩は、鳥に発見してもらう為でしょうか。食べてもらって種を遠くに飛ばそうという植物の知恵。全く違う仕組みですが、『三ヶ日みかん』の呼称と美味しさを全国に知らしめた『ドリーム号』の功績は、決して小さくなかったと思います。

日本を代表する果物「みかん」ですが、米と同様、いやそれ以上に出荷量が激減してきました。生産量は辛うじてトップを保っているとは言え、ここ30年でほぼ3分の1に。消費量に至っては、もう10年以上も前にバナナにその座を譲っています。一本で朝食代わりになる手軽さが受けているのでしょう。葡萄もそうです。昭和30年代に種なし葡萄が発明され、昨今は皮ごと食べられる品種まで登場。どこか違和感を覚えながらも、便利な方に流されてしまいます。ただ、今では「みかん」と言えばこの品種を指す『温州みかん』も、種がない食べやすさから江戸時代の後期以降、大いに人気を博したのかもしれません。

バナナは一人でかぶりつくイメージが強いのに対して、「みかん」は大勢で食べた方が美味しいような気がしませんか？　剥き方を工夫したり、そのスピードを競い合ったり、白い筋の外し具合で性格が出たり、家族団欒そのもの。食べ過ぎると手が黄色くなると言われても、止めようとはしませんでした。

昭和の頃は、季節感もしっかりと備わっていた気がします。「みかん」が八百屋さんの店先に並ぶのと、おこたを準備するのは、だいたい同じ時期。足を突っ込んでテレビを見ていると、条件反射的に「みかん」に手が出たものです。おこたのない家庭が増え、こういう瞬間を演出しなければならない時代になってきたのは、やはり寂しいですね。

ところで『あさが来た』はご覧いただいてますか？　久しぶりに出演しているＮＨＫの朝ドラ。破綻した我々山王寺屋の一家は、これから和歌山へ移住し、みかん農家になるという展開になります。そう、この冬の注目株は「みかん」です。アメリカやカナダでは「テレビオレンジ」とも呼ばれている栄養たっぷりの「みかん」を食べながら、『あさが来た』をお楽しみください。元気になることをお約束します。

（２０１５年　11月）

※その後、『とぴあみかん』、『西浦みかん』、『広島みかん』なども機能性表示食品として届出。

21 豆腐に宿る職人の勘

師走

羽田発パリ行きの機内で、見逃していた『あん』を鑑賞。心揺さぶられる映画でした。恐らく今、世界で最も注目されている女性の一人、河瀬直美監督の最新作。カンヌ映画祭でグランプリを獲得した『殯《もがり》の森』などと同じく、地味なドキュメンタリータッチの作品ですが、自然と人間の関係性を炙り出す手法と視点に、ブレはありません。

樹木希林さん扮する老女が、桜並木沿いにある、小さなどら焼き屋さんにアルバイトにやってきます。実は50年も小豆を炊いてきた、餡作りの名人でした。夜が明ける前から店に入り、淡々と作業しながら呟く何気ない言葉に、幾度もはっとさせられました。

「もてなしてあげないと。長い旅をしてきたんだから……」

小豆のことです。ぐつぐつ煮える鍋にずっと顔を近づけているので、どうしたのかと

訝《いぶか》る店長には、

「小豆がね、どんな景色を見てきたか感じているんだよ。」

映画を見ながら、何故か豆腐作りを思い浮かべていました。聞こえてきたのは、まだ若かった母親の言葉。

「お豆腐屋さんはねぇ、毎日毎日暗いうちから起きてきて、その日に売るお豆腐を作るんやて。大変やねぇ。」

世の中の人は皆、厳しい仕事をしているということを教えたかったのか、真面目に勉強をしなさいと叱咤激励する為だったのか定かではありません。ただ、昔も今も早起きが苦手で「自分は絶対にお豆腐屋さんにはなれないや」と子供心に思ったことだけは、はっきりと覚えています。

豆腐屋さんの数は激減しているそうです。昭和30年代の約5万軒をピークに、今では数千軒のレベルなのだとか。しかし、決してなくならないと信じます。何故なら、豆腐は人の手作業で作るのが一番美味しい加工品だからです。例えば、パンと同じように。材料が元々生きているものですし、その日その日の温度や湿度も違います。それを感じる職人の勘は、恐らく機械には真似が出来ません。そして、人の心が加わります。加工品は、料理を作るのと同じなのです。それにしても、日本人の食生活になくてはならない食材を作る豆腐屋さんの数が、西洋文明の象徴であるパン屋さんの数よりずっと少なくなってしまったという現実は、重く受け止めないといけないと思います。食べる側の意識も大切です。自然の恵みを、作ってくださった人の思いを、きちんと受け止めなくてはなりません。

「お豆腐、痛い、痛い、痛い……」

これは、独特の感性をもつ娘が、よちよち歩きだった頃、スーパーの棚に並んでいた焼き豆腐を見て発した言葉です。火傷をして可哀相と感じたのでしょう。生き物の命を頂戴するから「いただきます」なのだと教え込んだわけでもないのに。何だか誇らしくなります。

豆腐は、その80パーセント以上が水です。即《すなわ》ち水に恵まれた我が国では、どこに行っても美味しい豆腐に出会えます。製法も様々なら、調理方法も様々。こんなにバリエーション豊富な食材は、多分他にありません。

中国が原産の大豆ながら、収穫量はアメリカが50年ほど前から世界一。それをブラジル、続いてアルゼンチンが猛追しているそうです。しかしながら使用目的は、大半が家畜の飼料か大豆油。全部豆腐などにして肉の代わりの蛋白源にすれば、恐らく地球上から飢えがなくなると言われているのに、もったいない話です。寿司ブームに続いて、いずれ豆腐ブームが世界を席巻すると、希望も込めて考えているのですが、如何でしょうか？

ところで、「豆腐にも旬があることをご存じですか？俳句の世界では「新豆腐」が「新酒」や「新蕎麦」と同じく、秋の季語ということになっています。でもこれは、初物好きの江戸っ子の影響のようです。本当は、秋に収穫された大豆をいったん貯蔵し余分な水分を飛ばした後の、新米ならぬ新豆を使った、一番寒い時期に作った豆腐が、最も風味豊かなのだとか。米も蕎麦も小豆も、穀物には乾燥という過程が必要なようです。貯蔵技術が発達して、一年中あらゆるものを食べられる豊かな国、ニッポン。でも、旬のものを味わうことは、もっと豊かなことだと思いませんか？

（2015年　12月）

22

生牡蠣とカキフライ

睦月

『成人の日』が1月の第二月曜日に移行されて16年になりました。いわゆるハッピーマンデーにはプラス面とマイナス面、賛否両論あるようですが、月日の流れるスピードには、ただただ驚くばかりです。

辰巳家にとって『成人の日』は即ち『法五会』の日でした。父や故大島渚監督が学んだ、昭和25（1950）年入学の京都大学法学部5組の同窓会。家族同伴も認められていた為、関西で開かれた時に何度か、お邪魔したことがあります。それ故、平日となってしまった今でも「1月15日」と聞くと、浮き浮きしたハレの日をイメージしてしまうのです。

ある産地では「牡蠣は成人の日から建国記念日までが一番美味しい」と言われてい

ます。寒い時期の方が身が引き締まるからでしょう。ただ、日本は南北に細長いので、地域によって旬はかなりずれるようです。とは言え二十歳になっても、未だ牡蠣を口にしたことはありませんでした。そう、食わず嫌いという奴です。

どこでコペルニクス的転回があったのか、今や牡蠣は大好物。どこへ行こうがメニューの中に見つけると、条件反射のように注文してしまいます。

昨年は、『ラ・フォル・ジュルネ』というクラシックのお祭りの取材で、ナントの町を訪れました。食の方の目的は、何と言っても近くで捕れるブロン産の生牡蠣。フランス一のブランド牡蠣と言っても良いでしょう。合わせるワインはもちろん地元のミュスカデ。レモンを搾った牡蠣と酸味の効いた辛口の白。まさに地産地消ですが、ここまで合うとは、思いませんでした。

オーストラリアの牡蠣も忘れてはいけません。十数年ぶり5度目の訪問は、ワインの番組のロケ。8日間で30分番組を4本撮るという強行軍でした。びっくりぽんだったのは、以前に比べて食全般が大幅にレベルアップしていること。すっかり食べ過ぎてしまいました。中でも印象的だったのが、牡蠣。タスマニアからシドニー近海辺りまで、小振りながら凝縮感があり、それぞれの産地で貝殻の形も味わいも違うのです。このバリエーションの豊富さ。日本と季節が逆という利点。今後オーストラリアの牡蠣は、益々注目されるでしょう。

生で食べるのがベーシックな世界標準の食べ方だとすると、職人技の必要な最高の食べ方はカキフライだと信じています。牡蠣のエキスを余すことなく閉じ込める。しかしながら、当たり外れが大きいのもこの料理。期待を裏切られることもしばしばです。鮮度と技術、双方の条件がクリアされることが肝要。それに加えて、自分の体調とシチュエーションが素晴らしければ、その料理は人生の思い出となります。僕にとっては、沖縄でした。

10年程前のこと。仕事を終え、那覇の夜を楽しんで、最後の一杯を呑みに老舗のバーに案内されました。バーでも必ずフードのメニューを見ることにしていますが、何とそこに生牡蠣が！　迷わず注文しました。ペロリと平らげた後、今度は無性にカキフライが食べたくなってしまったのです。

「カキフライ用の牡蠣はありません」

と断るマスターに、酔いに任せて食い下がりました。

「今の殻付きので作れば良いじゃないですか！」

これがまた、旨いのなんの。殻付きは、加熱調理用の剥き牡蠣の何倍も高価ですから、贅沢の極みです。でも、カキフライのイメージがガラッと変わった瞬間でした。

お店は『バーバリーコースト』。牡蠣は三重県の的矢の名を全国に広めた『佐藤養殖場』のもの。実は先日、閉店間際に再訪し、メニューにないカキフライをまたごり押ししてきました。ただ出来上がる直前に電話が入り、美味しいタイミングを逃してしまった為か、初体験にやや届かず。思い出は、そのままにしておくのが良いのかもしれません。

広島、岡山、宮城、北海道……、その他牡蠣の名産地はたくさんありますが、伊勢神宮の森から発した川が注ぐ的矢湾の牡蠣が、今のところ僕のナンバーワンです。残念なのは、５月は時期外れなので出荷がなく、『伊勢志摩サミット』にお越しになる各国の首脳の皆様に召し上がっていただけないこと。また冬に、是非！


（２０１６年 １月）

23

甘みたっぷりの新玉ねぎ

如月

鮑のバター焼きの夢を見ました。前夜、山梨県の名物『煮貝』を酒の肴に摘《つ》まんだせいに違いありません。目を覚ますと、家中にバターの香りが……。「正夢か！」と思ってキッチンに入ると、なんと焼きたてのアップルパイがずらっと並んでいたのです。大学生の息子が、早起きして作ったものでした。

父親に似たのだと思います。僕も小学校に入った頃から料理に興味を持ちだし、玉子焼きなど熱心に練習していました。中学校時代は『シュークリーム愛好会』を結成。「女子だけに家庭科があるのは不公平だ」などとうそぶいていたものです。大学に入って2回生から京都で一人暮らしを始め、楽しい自炊生活。その狭いキッチンに、必ずストックしていた万能兵器こそ、玉ねぎでした。

とにかく日持ちするのが有り難い。いろいろな料理に使える、こんなに便利な食材は他にないでしょう。以前、ある雑誌広告で「日々の生活にないと困るもの」という若者向けのアンケート結果が引用されていました。上位は確か「携帯電話」とか「お金」などが並んでいたと記憶していますが、僕なら迷わず「玉ねぎ」と書いてしまいそうです。玉ねぎのない食卓など、とうてい考えられません。

子供が好きなお母さんの料理、ガールフレンドに作ってもらうと嬉しい手料理、男子のハートをつかむ必殺の家庭料理……こういう調査も多いですね。たいていベスト3は「カレーライス」「肉じゃが」「ハンバーグ」。その次に「オムライス」が来たり「ロールキャベツ」「グラタン」などが続きます。そう、いずれも玉ねぎが必要な献立なのです。人気メニューの中で、例外は「唐揚げ」ぐらい。「牛丼」にも「親子丼」にも「スパゲッティ・ミートソース」にも、玉ねぎは欠かせません。

一方、伝統的な日本料理は、玉ねぎを使わないのが普通です。大蒜《にんにく》もしかり。味が強過ぎるということもありますが、元々我が国に玉ねぎがなかったことが一番の理由でしょう。原産は中央アジア。地中海方面には随分昔から広まり、エジプトでは「ピラミッドを造った労働者達に支給された」という記録も残っています。ところが東アジアに伝わるには、かなりの時間を要しました。江戸時代に長崎までは辿り着いたそうです。しかしそれは観賞用として。明治になって、漸《ようや》く食用として栽培され始めたのです。そう言えば、前掲の人気のある料理達は、何れも明治以降、あるいは戦後に普及したものばかりですね。

あまりピンとこないかもしれませんが、玉ねぎは最も糖度が高い野菜の一つです。辛み成分の「硫化アリル」が前面に出ている為、甘さを感じにくいのでしょう。ところが加熱すると辛みが消え、水分も濃縮される為、甘さが際立つ。時間が有り余るほどあった二十歳の頃、自分で作ったオニオングラタンに陶然としていたものです。

一年中切れ目なく出回っていて、いつが「旬」なのか判らない玉ねぎ。ここでは、生で食べられるという点で、春先ということにしておいてもよろしいでしょうか。水に晒さなくてもいい、白い玉ねぎのオニオンスライスは最高です。オニオンリングも大好物ですが、当たり外れが大きい。究極は丸焼きか丸揚げか……いえ、実は昨年、新しい料理に出会ってしまいました。

玉ねぎの名産地として名高い淡路島の『うめ丸』が、3年がかりで開発した『玉ねぎフォンデュ』。鰹と昆布の出汁《だし》で炊いた玉ねぎをブレンダーにかけ、土鍋で温め、鯛をしゃぶしゃぶして頂く。シンプルながら驚くほど美味しいメニューでした。野菜はレタスのみ。これもしゃぶしゃぶ。シャキシャキ感がたまりません。大根おろしのような出汁は、一人前に玉ねぎを3個程使うとのこと。結局、一鍋分以上お代わりし、レタスも2玉ほど平らげたのではないでしょうか。

体にも確実に良いこのフォンデュ、料理男子の息子を淡路島に連れて行って食べさせ、我が家でも作ってもらおうと企んでいます。

（2016年 2月）

24 それでも鯛は高級魚

弥生

中土佐町の合併10周年記念イベントにゲストとして招かれました。昔ながらの漁師町と、四万十川の源流域に広がる山村が一つになった町。人口は8000人を割り込んでいるとはいえ、住み心地が良さそうで、どこか懐かしい気持ちにさせられます。

ランドマークとも言える『津波避難タワー』や、地元の材木をふんだんに使った『久礼《くれ》中学校』なども、全国の自治体から注目を浴びていますが、観光の目玉はレトロな町並みに溶け込む『大正町市場』。鮮魚中心の地元産品が並び、買った魚を料理してくれる食堂まである、食いしん坊には堪らない小さな商店街です。そこで、大変ショックな言葉を聞いてしまいました。

「鯛は、大衆魚というイメージやねぇ……」

何人もの人に聞きましたが、高知県人にとってハレの日の魚といえば「鮪」なのだそうです。続くのが「鰹」。この日は「鰤」も並んでいましたし、ピカピカに光った「太刀魚」も見事でした。美味しい魚が山ほどあるとはいえ、まさか魚の王様「鯛《たい》」が大衆魚とは！

はたと思い当たることがあります。先日、東京の夜景を一望出来るモダンな複合レストランに行った時のこと。寿司のメニューに一貫ごとの値段が記されていたのですが、なんと「鯛」は「蛸」や「烏賊」と同じ最安値のグループでした。そう言えば、回転寿司でも、高級魚扱いされているのを見た覚えがありません。

養殖が盛んだということもあるのでしょう。「鯛」の養殖技術の確立は早く、昭和30年代には事業としてスタートしています。そして今や「天然ものに出会えるのは高級店ぐらい」という時代になってきました。その代わり、養殖ものの進化は目覚ましく、味も値段も天然物を凌ぐことさえあると聞きます。

ネーミングも実にユニークです。愛媛県の『鯛一郎クン』に『愛鯛』、高知県には『乙女鯛』に一度聞いたら忘れられない『海援鯛』。天然の魚を普段から食べている高知の皆さんは、養殖ものを後回しにしがちなのかもしれませんね。

しかし、その確率は美味しいブルゴーニュワインに出会うほど低いのですが、目利きが捌《さば》いた『明石の鯛』の刺身の旨さは筆舌に尽くしがたいものがあります。『淡路の鯛』も『鳴門の鯛』も同じこと。ねっとりとした歯触りと後々まで後を引く深い味わいは、他の追随を許しません。

刺身を食べない時でも、あれば注文してしまうのが頭。「かぶと」とはよく言ったものです。煮ても焼いても蒸しても旨い。幼い子供達にむしってあげるのが父親の仕事でした。今でも「過保護やなあ」と思いながら時々やってしまいます。その代わり大好物の目玉は自分が頂く。上手く住み分けが出来ているのです。

「鯛」が高級魚だった証左なのか、タイ科ではないのに「鯛」の名前が付された魚も沢山あります。甘鯛、石鯛、金目鯛、的鯛《まとだい》、糸撚鯛《いとよりだい》……日本の魚文化は、本当に奥深い。でも、単に「鯛」と言えば「真鯛」を指すのが普通です。その「真鯛」の中でも、春に水揚げされるのが『桜鯛』。風流ですよね。真冬が美味しいとの意見もよく聞きますが、海の深いところにいるのであまり捕れません。春になって産卵準備に浅いところに上がってくるので捕獲しやすくなり、それで旬ということになっているようです。桜前線のように、美味しい「鯛」が釣れる海域も、北へと移動するのでしょう。
麦の秋を迎える頃になるからでしょう、産卵してパサパサになると『麦わら鯛』。秋にはまた脂が乗りだして『紅葉鯛』。「鯛」もなかなか大変です。

（２０１６年　３月）

25

八十八夜も近づいて

卯月

先日、祇園のお茶屋さんでとある宴会があり、京都府の山田啓二知事（当時）の隣の席を割り振られました。昔話などに花が咲き、いつしか自然と伊住《いずみ》宗晃《そうこう》宗匠《そうしょう》の話題に。昭和33（１９５８）年生まれの各界で活躍するメンバーの親睦を図る『燦燦《さんさん》会』を組織した、裏千家のお家元の弟さんです。ぼくも伊住さんに誘われて末席を汚し、数年に亘って楽しく刺激的な時間を共有させていただきました。ところが忘れもしない２００３年の2月2日、病に倒れ帰らぬ人となってしまったのです。ふと気がつくと、まさにその日が命日。思わず知事と顔を見合わせてしまいました。

伊住さんは、茶道というもののハードルを出来るだけ低くして、その精神を広めようとされた方でした。

「作法なんか気にせんでええんや。ちゃんと出来ひんかったとしても、それは誘った側の責任やから。」

彼の名言です。どれだけ茶席に入るのに気が楽になったかしれません。彼を失ったことは、茶道界のみならず、京都にとって、日本文化にとって大きな損失でした。

生真面目ではありましたが、さばけた男だったと思います。一緒にカラオケに行った時には、野坂昭如さん作詞の『おもちゃのチャチャチャ』を裏千家に替え「裏千家の茶茶茶、裏千家の茶茶茶……」と、みんなで合唱したり、西田佐知子さんが歌ってヒットした『コーヒー・ルンバ』の替え歌『抹茶ルンバ』を歌う友人に手拍子を打ったりもされていましたっけ。

「むかし京都の偉いお坊さんが〜〜」

という、あれもまた名曲でした。その中で、

「しびれるような香りいっぱいの　緑色した液体〜〜」

という箇所があるのですが、そんな時に悪い癖で、素朴な疑問が頭を擡《もた》げます。

「元々はお茶の色だから『茶色』という言葉が出来たはずではなかったのか……？」

7年かかって大学を卒業し、25歳になって初めて東京に出てきた時、食文化に関するカルチャーショックは相当なものでした。テレビ局の食堂の味噌汁が塩っぱくて飲めない、うどんの出汁《だし》が真っ黒、肉じゃがを注文したのに豚肉が入ってきた……等々。中でも、大好きな番茶が、黄色くて苦いのには閉口しました。

つい最近知ったのですが、石川県は焙じ茶の消費量が断トツだそうです。両親は共に石川県出身。辰巳家の食卓は、石川県の伝統を否応なく受け継いでいます。そして、北海道や東北地方と同じく、北陸でも番茶と言えば焙じ茶のことなのです。京番茶もそうですね。お茶屋さん(こちらはお茶販売店)の側を通る時の、お茶を焙じる香ばしい匂いほど、自分が日本人であることを感じさせてくれるものはありません。一方で、東京に長く暮らし、焙じ茶という言葉を普通に使うようになった、これまた「和を以って貴《とうと》しとなす」日本人的な自身の存在も許しています。

昔話をもう一つ。三十代半ばの頃でしょうか、ドイツのライン川沿いの小さな町の瀟洒なレストランでの出来事です。メニューの中に日本茶があったので、嬉しくなって注文。ところが美味しくないのです。これは放ってはおけません。厨房へ行ってフライパンを借り、焙じ始めました。かなり高級な茶葉だったのでしょう、やがて店内に良い香りが立ち込め、お客さん達も興味津々。そして出来上がった茶色い液体を振る舞うと、皆さん大喜びでした。これぞ民間外交。この模様は、たまたまそこにいた現地のテレビクルーによって撮影され、ドイツ中に流れたそうです。その後、彼の国で焙じ茶がブレイクしたという噂は、とんと聞きませんが……。

明治時代後半、お茶は生糸に次ぐ我が国2番目の輸出品だったそうです。そして今、和食人気と共に日本茶が改めて注目され始めました。死ぬ前に食べたいものは？　との質問に「炊きたてのご飯に、淹れたての焙じ茶」という外国人もどんどん増えてくるでしょう。その時は、きっと平和な世界になっているに違いありません。

（２０１６年　４月）

26 トマトは世界を席巻する

皐月

石井竜也さんが『辰巳琢郎の葡萄酒《ワイン》浪漫』に出演してくださいました。米米CLUBがブレイクした頃は十代だったメイクさんをはじめ、女性スタッフ達は大喜び。皆いそいそと仕事をする。本当に現金なものです。僕も、間には共通の親しい同年代の友達が何人もいながら、会うのはいつも仕事場。食事をするのも当然初めてのことで、やはりどこか浮き浮きしていました。

テレビ局や放送時間帯、もちろんタイトルも変更しながら2006年に始めて11年目に入った、恐らく世界的にも珍しいワイン番組。その基本コンセプトは「そこにワインがあると、人と人との距離が縮まり楽しい時間が生まれる」といった感じでしょうか。「どれだけ食べて飲む時間を共有するかで付き合いの深さが決まる」という、昔からの漠然とした信念をもとに、多くの皆様の力添えで細々と続けている、言わばライフワークです。

料理を何種類も召し上がっていただく番組ですから、事前にスタッフがゲストのアレルギーや好き嫌いを確認し、その上で食材を準備し、料理研究家の先生が腕を振るいます。アンケートによると、石井さんが苦手なものは、まず魚でした。北茨城市出身で、新鮮な魚しか食べられないとのこと。海の側で育った方からはよく聞く話です。あとは、香りの強い野菜。これも理解出来ます。ところが、番組の中の最後の料理『赤牛のトマトすき焼き風』を前にして、驚くべき弱点が露呈しました。彼は、トマトまで駄目だったのです。

一昔前の露地栽培のトマトは、確かに青臭い匂いが強かった。それが遠因だったのかもしれません。僕は、いかにもトマトっぽくて好きだったのですが……。とにもかくにも、トマトを嫌う人とテーブルを囲んだのは、父に次いで二人目でした。そう、息子達の好き嫌いを矯正しようとする時、決まって父は「自分が如何にしてトマト嫌いを克服したか」という武勇伝を披露しました。しかし、効果はゼロ。物心がついた時から、トマトは大好物でしたから。今はほとんど見られなくなった、あのぶくぶくした不揃いの大振りなトマト。八百屋さんの店先に見つけると、必ず立ち止まり、いつか一箱食べてやると夢をふくらませていたものです。夏が来れば思い出す、懐かしい甘酸っぱい光景。

テクノロジーの発達と共に、食文化も変革を余儀なくされています。季節感もしかり。「元々はアンデスの高地原産だから、トマトは高温多湿が苦手で、春が一番甘くて美味しい」という見解が、最近は主流になりつつあるようです。この連載でも昨年の「蛤」のエッセイの中で、「トマトもまた旬の4月と5月」と不注意にも断定してしまいました。でもこれは、甘さを重視したハウス栽培のトマトの話。食卓を彩る「ハウスもの」に押されて、加工に回されることが普通になってきた「露地もの」の方は、今でも6月から8月が収穫の最盛期です。値段も安くなる。俳句の季語としても、夏のままで変わってほしくないですね。酸味に拘《こだわ》る方には、冷涼な北海道産のものをお薦めしておきます。

トマトと言えば、まずイタリア料理を思い浮かべる方が多いのではないでしょうか。

ピザにもパスタにもソースとしてたっぷり使われます。夏の間にマンマがせっせと作り置きするドライトマトは、味の決め手。グルタミン酸がたっぷりで、和食の昆布のような位置付けです。しかしながら、イタリアでは「金のりんご」という意味のポモドーロが、普通に料理に使われだして、未だ200年余り。大した歴史じゃありません。食文化というものは、意外に目まぐるしく変化するもののようです。

現在、生産量が世界一の野菜であるトマト。500年前にはアメリカ大陸にしか存在しなかった作物が世界を席巻している訳ですから、今後どのようなものが現れるかわかりません。でもこちらも、世界一のままで変わってほしくないですね。

（2016年 5月）

箸休めクイズ　〈下の答えを手で隠しながら挑戦を！〉

【初級〜本書の前半をおさらい〜】

Q1　オホーツクの毛ガニの旬は？
Q2　日本初の屋上ビヤガーデンはどこに？
Q3　岩手の妊婦がこぞって飲むのは？
Q4　ラムとマトンの間の羊肉の呼称は？
Q5　函館の「じゃがバタ」に欠かせないのは？
Q6　ツナ缶に使われている、鮪以外の魚は？
Q7　温州みかんの英語圏での呼び名は？
Q8　甘鯛、石鯛、金目鯛、このうち本物の鯛は？
Q9　焙じ茶の消費量日本一の都道府県は？
Q10　昆布並みにグルタミン酸（旨み成分）が多い野菜は？

A1…4月中旬↓P11
A2…大阪梅田↓P23
A3…山ぶどうジュース↓P28
A4…ホゲット↓P60
A5…塩辛↓P64
A6…鰹↓P84
A7…テレビオレンジ↓P89
A8…どれも本物の鯛ではない↓P104
A9…石川県↓P108
A10…トマト↓P113

【上級～後半を読まずにトライ～】

Q11 日本人が消費している鰻は世界の約何割？

Q12 糖度18度以上にもなる品種がある野菜は？

Q13 日本の大根生産量は世界全体の約何割？

Q14 鱈が最も美味しい時期は？

Q15 白菜キムチを韓国語で何と言う？

Q16 玉子の旬はいつ？

Q17 「オランダキジカクシ」の和名を持つ野菜は？

Q18 対人口比で寿司屋の数が一番多い都道府県は？

Q19 初競りで高値がつく津軽海峡の鮪の好物は？

Q20 キャベツとレタス、日本人が先に食べ始めたのは？

あなたは何問正解できましたか？

A11…約7割↓P118

A12…トウモロコシ↓P122

A13…約9割↓P134

A14…8～9月↓P139

A15…ペチュキムチ↓P142

A16…春↓P149

A17…アスパラガス↓P154

A18…山梨県↓P184

A19…スルメイカ↓P187

A20…レタス↓P197

27

鰻の美味しい季節はいつ？

水無月

柳澤寿男《やなぎさわとしお》さんという、下諏訪出身の指揮者がいます。単身旧ユーゴスラビアの各国を渡り歩き「音楽に国境はない」との信念のもと、敵対している国々の音楽家達を集めて『バルカン室内管弦楽団』を組織した、夢見るマエストロ。つい先日も東京でこのオーケストラの来日公演があり、熱いタクトを振られ（ぼくも4年前に続いて司会を担当し）ました。彼は食に関しても情熱的で、第一次世界大戦が始まってちょうど100年にあたる一昨年の秋、一緒にバルカン半島を旅している間にも「辰巳さんを是非お連れしたい、すごく美味しい鰻屋さんがあるんです！」といった具合に誘ってくる。その絶品の鰻《うなぎ》を、漸《ようや》く味わいました。

長野県岡谷市の市街地から車で約15分、諏訪湖から流れ出した天竜川の左岸に建つ

『観光荘』。かなり大きく、ドライブインといった風情です。創業は昭和29（1954）年。元々近くに簗場《やなば》があり、漁期には簗にかかった夥《おびただ》しい数の天然ものの鰻が、まるで素麺のように見えたほどだったとか。簗師さんがその場で背開きにして焼くので、当然ながら蒸すという手間はかけません。ところが、昭和48（1973）年の台風によって川が氾濫。翌年の護岸工事に伴い、簗は撤去されてしまいます。往時の白黒写真が壁に飾られ、少し感傷的に。しかし、簗はなくともお店は元気。今は養殖ものとは言え、炭火で直焼きされた鰻は、外側がカリッとしながら脂もしっかり乗った、また立ち寄りたくなる味わいでした。

天然鰻と言うと、まず思い出すのは『竹染』という寿司割烹。同じ天竜川の下流、徳川家康が武田信玄・勝頼親子と争った二俣城址の近くにあります。現在は浜松市に編入されましたが、河口から30キロ以上遡った辺りの曲がりくねった川に罠を仕掛け、最盛期には大将一人で年間一万数千匹捌《さば》いていたとのこと。天竜川水系のダムが次々に出来たからでしょうか、今では一年に150匹ぐらいに激減してしまったそうです。天然ものは、大きさも味も個体によって大きく違います。その時はまさに大当たり。

あの噛み応えと滋味、そして切れ上がりの良い脂の広がりは、二十数年経っても忘れられません。

一緒くたにされることが多いので整理しましょう。鰻は鮭と生育パターンが反対です。鮭は、海を回遊したあと産卵の為に川を遡上するのに対し、鰻の方は、稚魚のシラスウナギの形で川に戻り、何年かして大きくなってから産卵しに海に出ていきます。謎に包まれたニホンウナギの生態。日本から2000キロ以上も離れたマリアナ海溝付近が、その産卵場所と推定されてはいると聞きました。親が住んでいた川を目指し長い旅をしてきたシラスウナギを河口近くで捕獲し、肥育するという、現在は言わば半養殖。まだまだ完全養殖するには時間が掛かりそうです。

絶滅危惧種に指定されて、何となく食べるのを遠慮しがちになってしまった鰻。一方では、生命力が強く繁殖力も強いこの魚は、決して絶滅しないという、心強い説も散見されます。ただ問題は、世界全体の70パーセント以上を日本人が消費しているという事実。各国が競って寿司を食べ始めた如く、蒲焼きが好まれるようになったら果たしてどうなるのか？　それこそ鮪の養殖に続く近畿大学の「鰻味の鯰《なまず》」の出番かもしれません。何せキャッチフレーズが秀逸。「ナマズの人気がウナギのぼりです」。

やはり鰻だけに、とりとめのないというか掴み所のない話になってしまいました。最後に大切なことを。

陰陽五行説を暦に合体させた関係で、実は土用というのは、春夏秋冬の変わり目にそれぞれ約18日間あります。そして信頼すべき筋によると、鰻が一番美味しいのは、立春直前の土用だということなのです。俳句の世界でも鰻は夏の季語ですし、今更言われても困りますよねえ。ことの始まりは、夏場に鰻を売る為の平賀源内のアイデアだそう。後世まで影響を残すのが本当の天才なのかもしれません。

（２０１６年　６月）

28

玉蜀黍と書いてトウモロコシ

文月

クイズが大流行です。情報番組でもバラエティー番組でも、新聞、雑誌やネットでも、クイズ的なものを目にしない日はありません。もちろんクイズ番組自体の人気も根強く、勝ち残る為に、勉強に励む芸能人が続出。中でも漢字の問題のレベルが、格段にアップしました。一昔前なら相当な難読漢字だった「玉蜀黍」ですら、今では大抵の出演者に答えられてしまう。キャリアの長い我々も、知力体力の衰えの中、厳しい戦いを強いられています。

では問題です。「世界で最も生産量の多い作物は何?」。三大穀物とされる「米」「麦」「玉蜀黍」の中のどれかだろうと、クイズ愛好家なら当たりをつけるでしょう。そう、正解はトウモロコシ。いつの間にやら米や麦を抜き去り、その差をどんどん広げているようです。そして日本は、その世界第1位の輸入国。ただ、ほとんどが飼料用と工業用だということはあまり知られていません。

工業用とは、船で運ばれてきた後まず工場に送られるもののことです。しかし、コーンスターチや水飴や異性化糖、あるいはコーン油と形を変え、いずれ我々の口に入ることになります。飼料用もしかり。肉となり玉子となり、はたまた乳製品となり、我々の食生活を支えているのです。

「トウモロコシは、野菜だ」との主張もあります。何と言っても八百屋さんに並んでいるわけですから。実際、ある統計では「スイートコーン(甘味種)」と別項目があり、野菜に分類されていました。このジャンルに限れば、我が国でも自給率が99パーセントを超える、イネ科なのに野菜のようなトウモロコシ。宝石のように美しい粒が並ぶことから「玉」という漢字を当てられた玉蜀黍。改めて考えると実に面白い存在です。

まず、鮮やかな色の魅力。高校の修学旅行の自由散策で、札幌の大通公園を歩いていた時、遠くからでも目につく黄色と醤油の焦げた匂いに誘われて、屋台にかけつけ皆でかぶりついた記憶が蘇ります。ただ、よく考えてみると、あれは確か6月の前半で、トウモロコシは前の年のもののはず。なのにあの旨さときたら……。思い出の強力な美化作用かもしれませんね。

それにしても、トウモロコシは甘くなりました。夏が近づくと、西洋料理系のレストランではかなりの確率で冷製スープとなって供されます。「全く甘みを加えてないんですよ」との自慢と共に。和食系のお店ではかき揚げとしてメニューに載せられ、その誘惑には勝てません。

かれこれ10年ぐらい前になるでしょうか、津軽でロケをしていた時に「だてきみ」という言葉を耳にしました。当然の如くテニスの伊達公子さんのことを思い浮かべたのですが、よくよく聞いてみると「だけきみ」。青森県のこの地方ではトウモロコシ、つまり「唐黍《とうきび》」を縮めて「きみ」と呼ぶのだそうです。津軽富士と呼ばれる岩木山の南麓、嶽《だけ》温泉の辺りで育てられたので『嶽きみ』。糖度が18度以上にもなる、格別に甘い玉蜀黍です。戦後、樺太から引き揚げてきた入植者達が開拓した高原で、様々な作物の中から選ばれてきた特産品。一度聞いたら忘れられないこのネーミングも、自然発生的なものに違いありません。

弘前には、全国にその名を轟かせている『ダ・サスィーノ』というイタリア料理の名店があります。ワインから生ハム、チーズまで何でも造ってしまう笹森通彰シェフがオーナー。聞けば『嶽きみ』には、いろんな品種があるとのこと。それがミクロクリマとテロワールによって、簡単に言うと限られた地域の気候風土のおかげで、いずれのトウモロコシも物凄く甘くなる。不思議ですね。全国的に出回らないのは、量が少ないこともありますが、収穫後すぐに食べないと甘みが失われるからだとか。毎年お盆過ぎに送っていただくものでも十分過ぎるぐらい甘いのですが、一日経つとだいぶ違うのだそうです。

「収穫する前にまずお湯を沸かせとよく言います」

という話には、本当に驚きました。やはり一月《ひとつき》足らずの旬のうちに、現地へ行かなければ。あちらでは、『嶽きみ』はフルーツ感覚で食べているとのこと。トウモロコシは、穀物でもなく野菜でもなく、果物でしたか！

（2016年 7月）

29

秋は秋刀魚の味から

葉月

リオデジャネイロ五輪が始まる二月《ふたつき》ほど前に、スイスを旅してきました。かれこれ20年以上にわたり、自分で企画しているオーダーメイドの海外ツアー。全生産量の1パーセントしか輸出されない珍しいスイスワインを存分に楽しみ、期待以上に美味しい料理を食べ、観光立国のあり様を目の当たりにする、そんな旅でした。

旅の醍醐味は偏《ひとえ》に、目から鱗が落ちるような経験をすること。大きな鱗であれ小さな鱗であれ、自分が知らなかったことを、日本にいるとまず気付かない情報を得ることとは、一種の快感と言っても良いと思います。

三日月形のレマン湖の北岸に面した都市、ローザンヌにある「ＩＯＣ本部」に勤務する後輩を訪ねた折も、国立競技場のデザインや東京五輪のエンブレムなどの騒動に関する彼我《ひが》の認識の差に、ちょっと拍子抜けしました。あれほど連日のように報道され世間を騒がせた事件？も、あちらでは「いったい日本は何をそんなに騒いでいるんだ？」という雰囲気だったとのこと。もっとも、これは彼女の個人的な認識かもしれませんが……。

オリンピックが終わり、時差惚け生活から解放されると気が付くのは、秋の気配ではないでしょうか。日本の秋と言えば、やはり秋刀魚《さんま》。鱗《うろこ》はないと思われがちですが、実際は捕獲される網の中で大暴れするもので、お互いと擦れ合ってほとんど剥《は》がれてしまう、それほど元気な魚です。夏の終わりごろ北海道の沿岸にやってきて、親潮に乗って南下。秋も深まってくると見事に姿を消す。大量に捕れるので、養殖する必要もない。旬の短い、しっかり季節を感じさせてくれる魚。愛しくなります。

何よりも旨い。やはり塩焼きが王道ですね。大根おろしと柑橘と醤油。秋刀魚は、餌を食べてから排出するまで約30分と、非常に消化が早いので、内臓にえぐみがなく、取り除かずに一緒に食べられるというのも大きな特徴です。しかも栄養満点。こんな素晴らしい魚を、つい最近まで日本人がほとんど独占していたというのは、どこか申し訳ない事実です。もっともカムチャツカ、サハリン、済州島などには食文化として存在しているという話も聞きました。一度食してみたいものです。

ところが昨年、秋刀魚は深刻な不漁でした。気候変動を指摘する声もありましたが、原因は恐らく乱獲。秋刀魚の美味しさに気付いた各国が大型船で漁を始めたのでしょう。限りある資源。少し心配です。

レマン湖の東端のジャズフェスティバルで有名になったモントルーから、ゴールデンパスラインという鉄道を利用すると1時間程で到着する、ロシニエールという山あいの村も訪れました。スイス最大の木造建築、モーツァルトが生まれた頃に建てられた『グラン・シャレ』にお住まいの、節子・クロソフスカ・ド・ローラさんに会う為です。かのピカソから「20世紀最後の巨匠」と称えられた画家、故バルテュスの奥様。着物の似合う、敬愛する日本女性です。ふと思いついて、大の日本贔屓《びいき》だったご主人は秋刀魚が好きだったのかと尋ねてみました。

「さあ、どうだったかしらねえ。焼き魚は好きだったけれど。私も、もう何十年も食べていないのよ。」

度々日本には帰られているようなのに、この答えには少々驚きました。でも、すぐに納得。旬の時期じゃないと秋刀魚は出回りませんから。おまけにまだまだ大衆魚。日本料理店やお寿司屋さんなど、おもてなしを受けるようなお店では、まず塩焼きは供されないからです。

一つだけ、ちょっと高級な秋刀魚料理を思い出しました。和歌山県の新宮市で頂いた『なれ寿司』です。特にその30年ものは、原形を留めないドロドロのヨーグルト状。「芝居に明け暮れていた頃に仕込まれたものやな」と感慨に耽りながら味わいました。この格別な秋刀魚の逸品、次に節子さんに会う時のお土産にしましょうか。

（2016年　8月）

30

世界に広がる〝カーキ〟の味

長月

マントヴァに住むオペラ歌手、山本耕平君曰く、

「イタリアでも『柿』はカーキ（ＣＡＣＨＩ）なんですよ、日本語と同じで。でも語尾がＩだから複数形だと信じて、単数はカーコ（ＣＡＣＯ）と言ったりもします。面白いですね。」

少し補足しておきましょう。イタリア語では名詞の語尾を変化させて単数形か複数形かを示します。男性名詞の単数形はＯで終わるものが多く、複数になるとＩに変化。一方、女性名詞の単数形はＡで終わるのが普通で、その複数形はたいてい語尾がＥになるようです。東アジア原産の柿をヨーロッパに伝えたのはポルトガル人だそうですが、かのムッソリーニが奨励したこともあり（いろんなことをされてますね）、現

在この地域ではイタリアが断トツの生産量を誇ります。ですからイタリア人が「柿」を自分達の国の果物だと考えても不思議じゃありません。つまりカーコという単語が先にあり、単数形に変化してカーキとなったという具合に。

「柿」よりも「梨」で有名な鳥取県出身の山本耕平君は、まだ30歳を少し超えたばかり。でも既にメジャーデビューを果たし大好評。日本を代表するテノールとして将来を嘱望されている存在です。その心に沁みる歌唱は図抜けていて、実はもう何年も前から追いかけています。いずれ日本でもまた、大きな舞台に立つはずですので、是非足をお運びください。大声で「ブラーヴォ（素晴らしい）！」と叫びたくなること請け合いです。

補足というか蛇足をもう少し。イタリア語は形容詞の語尾も単複男女で変化します。即ち「ブラーヴォ（BRAVO）！」は一人の男性に対して発する掛け声であり、相手が女性だと「ブラーヴァ（BRAVA）！」が正しいのです。女性が複数いたら「ブラーヴェ（BRAVE）！」と叫べば格好よく、男性複数や男女混合の時は「ブラーヴィ（BRAVI）！」。これで貴方もオペラ通です。

自分が住んでいる町が最高で、地元の食材で作った料理が世界一旨い、イタリアに行く度にそんな言葉を聞き、いつも羨ましくて仕方ありません。謙譲の美徳も大切ですが、もう少し主張したくなってきた今日この頃、日本の本当に美味しいフルーツ達も、もっともっと世界に羽ばたいてほしいものです。中でも「神がこの世に与えた果物の申し子」と正岡子規が表現した「柿」こそ、その代表選手。何しろ学名まで「カキ」なのですから。

味わいばかりか栄養価も優れているのも「柿」の特徴です。ビタミンCはレモンやイチゴに負けていませんし、他のビタミン類やミネラル、タンニンも豊富。「柿が赤くなると医者が青くなる」という諺も頷けます。利尿作用もあり、二日酔いにも効くというのも酒飲みにはありがたい。高浜虚子の句には、こんなものもあります。

水飲むが如く柿食ふ酔のあと

和歌の世界では花がよく詠まれていましたが、柿のような庶民的な食べ物が季節を

表すようになったのは、俳句からだそうです。子規のあまりにも有名な句、

柿くへば鐘が鳴るなり法隆寺

も、そんなふうに考えると味わい深くなりますね。

「高級なお店で、デザートに柿が出てくると、どうしてなの？って、損した気になっちゃうのよねぇ……」

一昔前までは、「柿」は木からもいで食べるものだったという、山梨県出身の林真理子先生の発言です。日本人にとって最も身近な果物だったのでしょう。納得出来る言葉ですね。個人的には、最も嬉しい水菓子ですが。

今や「柿」もどんどん高級品になってきた感があります。干し柿もしかり。こちらも大好物で、こればかりはお歳暮などに頂いても、誰にもお裾分けをしません。ところが昨年は、暖冬で湿度も高かったせいか、干し柿作りが大変な打撃を受けたようで、どこからも届かず終い。季節が一つ欠落したようで、寂しい年越しでした。

（2016年 9月）

31

大根は食卓の千両役者

神無月

京都大学の学園祭は『11月祭』と呼ばれ、勤労感謝の日を挟んだ4日間が恒例でした。もちろん学生時代の話ですが、我々『劇団そとばこまち』はその期間中、吉田キャンパスの大教室を借り切り、鉄パイプと角材とコンパネ（厚いベニヤ板）で舞台を拵《こしら》え、段ボールで窓をつぶして、毎年公演を打っていました。つかこうへいさんの名作『熱海殺人事件』の木村伝兵衛部長刑事を初めて演じたのも、この仮設劇場。2回生でしたから、1978年のことです。

そして僕にとって最後の『11月祭』は、留年を重ねた7回生の秋。劇団員の数も増えたので、収益を増やそうと芝居以外に模擬店も出すことにしました。やはりここは王道の「おでん」でしょう。意外に思われるかもしれませんが、こと「おでん」に関してはは関東の方があっさり。関西では出汁《だし》の濁った濃い味付けが主流です。それ故

「関東煮《かんとだき》」と呼ぶのでしょうか。元々料理を作るのも大好きで、「おでん」には一家言も二家言もありましたから、当然総指揮。仕込み場所は、弟と二人で借りていた2DKのアパートでした。前日から玉子を何百個も茹で、キッチンは冷蔵庫から溢れた食材の山。水を張ったバスタブには、三角に切った蒟蒻がぎっしりと浮かんでいましたっけ。

ところが当日、大事件が起きたのです。ブレイクし始めたばかりのアイドル、小泉今日子の来校。実はそれまで名前も聞いたことがなかった17歳の女の子のコンサートに、関西一円のファンが集まったかの如く、京大教養学部の吉田グラウンドが男で埋まったのです。こちとら商売どころじゃありません。押し寄せる人波から、おでん鍋とテントを守るのに必死でした。

結局、危険だと判断したのか、キョンキョンは登場せず終い。ほっとしましたが、一寸がっかり。一目だけでも拝みたかった、というのが正直なところでしょうか。一方「おでん」は、騒動の間にコトコト煮込まれて、抜群の味わいになっていました。昆布や鶏ガラのベースに、すじ肉や鯨のコロから旨みが溶け出し、それが染み込んだ大根や厚揚げは滋味たっぷり。あの複雑な味わいは「おでん」と言うよりも、関西風の「関東煮」ですね。あれから30年以上経ちますが、いまだに人生最高だったかもしれません。

元々は大阪の家庭料理だったと言われている「おでん」も、いつしかコンビニの冬場の定番商品となり、今や全国区。各社がしのぎを削っています。その中で、何処へ行っても人気ナンバーワンの具材は、やはり大根だそうです。そもそも大根は、我が国で最もたくさん作られている野菜のひとつ。しかも、それが世界中の生産量の9割を占めているそうですから、まさに日本を代表する食材なのです。主役にもなれば刺身のつまにもなる、おろして薬味にもなれば干してもまた旨い。海外で和食を広めるには、まず大根を広めること、そんな気さえしてきます。

47都道府県で遍《あまね》く作付けされている大根。一年中食卓に出回るので季節感がなくなってきたようにも見えますが、さに非ず。上手くしたもので、煮物や漬物には秋から冬の大根が向いているようなのです。反対に北海道や青森県、あるいは涼しい高原で夏場に収穫される大根は、サラダにしたり大根おろしに適しているとか。驚くのは、品種改良などの工夫も含めて、このような周年体制が江戸時代の中頃には出来ていたという事実です。それだけ生活に密着した作物なのでしょう。

下手な役者を揶揄する『大根役者』という言葉があります。ジアスターゼという消化酵素が含まれている為、消化に良い、食中《あた》りしない。そこから当たらない（ヒットしない）役者を指すようになったようですが、失礼な話ですよね。大根はむしろ、食卓の千両役者なのですから。

テントを死守してからちょうど1年後、キョンキョンの相手役を務めることになりました。大映テレビ制作の『少女に何が起ったか』。天才ピアニスト大津光三を演じていたこのドラマ、今でもたまに再放送されています。困るんです。昔の自分の演技は恥ずかしくて、絶対に見たくありません。いつも心の中で「大根役者！」と叫んでしまいます。

（２０１６年　10月）

32

世界中で愛される鱈を考える

霜月

暮れも押し迫ってくると、必ず思い出してしまう残念な光景があります。年末のあまりの慌ただしさに、ゆっくりと美味しい和食を食べようと、家族4人で仲の良い料理人のお店を訪問しました。こちらの好き嫌いも十分に理解していただいているはずですが、重ねてリクエスト。

「内臓系は避け、普通のものをお願いします」

ところが運悪く年末の書き入れ時、次々に出てきたものは、ウニ、鮟肝、唐墨、白子、カニ味噌、そして臓物たっぷりと見なされるカキ。酒飲みには嬉しいメニューも、苦手な子供には苦痛です。結局、帰宅後あり合わせの物で空腹を満たしました。

和洋中を問わず高級料理店は、その名の通り高級食材を使い過ぎる嫌いがあると思いませんか？　原価を元に値付けをしなければという律義さからなのか、客の財布の紐を緩める効果があるからなのか、トリュフやキャビアやフォワグラなどに頼って、料理そのものに工夫を感じられないことが多々あります。普通のものを美味しく食べたい。白子もたまには良いけれど、魚偏に雪と書く真っ白な鱈《たら》の身の味わいに、本当は感動したいのです。

とは言え、普段はなかなか鱈の料理に出会えません。鱈ちりなど鍋物に使われるか、フライにしてハンバーガーに挟まれるかぐらいでしょうか。寿司屋でお目にかかることも滅多にありませんし、お弁当の人気メニューの西京焼きに使われる「銀鱈」は、実は全く別の種類の魚です。白子ばかりがもてはやされて、何だか「真鱈」が気の毒になってきます。「スケトウダラ」はもっと不憫。たらこや明太子は珍重されますが、身は練りものなどに回され、単体では味わえなくなってしまいます。

斑模様《まだら》があることから名付けられたという「真鱈」は、水分が約83パーセントと、とても瑞々しい魚です。逆に言うと、大変足が早い。そこで洋の東西を問わず、乾燥して保存されるようになりました。日本では「棒鱈」。北海道で作られ、北前船によって日本海沿岸各地に、そして関西方面に広まりました。それ故、お節《せち》料理の定番中の定番だと思っていた「棒鱈」も、東京ではそれほどポピュラーじゃなくて吃驚《びっくり》。食文化とは面白いものです。

そう言えば大阪に住んでいた頃は、京都の『いもぼう』を知りませんでした。「棒鱈」と「海老芋」を炊き合わせた、元々庶民の料理です。「海老芋」の灰汁《あく》が「棒鱈」を柔らかくし、「棒鱈」のゼラチン質が「海老芋」の煮崩れを防ぐという黄金の組み合わせ。冬場に京都を訪れたら、リーズナブルにほっこり出来る定食を、是非お試しください。円山公園内の『平野家』さんでどうぞ。

西洋での鱈の存在価値は、日本より遥かに高いかもしれません。北海やバルト海など冷たい海に棲息する魚ですが、よく出くわすのは、スペイン、ポルトガル、イタリアなど南ヨーロッパの各国。それぞれバカラオ、バカリャウ、バッカラと呼ばれ、何日もかけて水で戻し、様々な料理に使われています。常温で5年は保《も》つ「干し鱈」は、貴重な蛋白源として航海に欠かせないものだったらしく、新大陸の発見にも、その後の三角貿易によるヨーロッパの発展にも、大きく寄与してきたようです。

バカラオは、一般的には塩漬けにして干したものを指しますが、「棒鱈」のようにそのまま干したものもありました。イタリア語では「ストッカフィッソ」、直訳すると「棒のように固定《フィックス》したもの」。全く同じ発想ですね。このような小さな発見が、堪らなく楽しい。食卓を豊かにする小道具です。

発見をもう一つ。漢字の通り雪が降る頃が旬だと思っていた真鱈ですが、函館で会った魚屋さんに教えていただいたのです。最も美味しいのは、実は8月から9月だと。考えれば当然のことでした。どんな魚も、卵や白子を孕《はら》むと身は痩せる。よってその前が一番脂が乗って旨い。逆に脂が抜けた状態の身の方が、酸化しにくく干物としては優れている。万物、上手く作られています。

（2016年 11月）

33

寒い冬には白菜入りの鍋を

師走

年賀状の減少傾向が、勢いを増しています。ピークの平成15（2003）年から比べると、ほぼ3分の2に。この数字は、正確には年賀葉書の発行枚数の割合で、私製の葉書やクリスマスカードへの変更などは含まれていませんが、さほど大きな違いはないでしょう。この間の我が国の人口減少は微々たるものですから、やはり主な原因はSNSの普及と考えられます。

AIやIoTなどの横文字に象徴される輝かしき未来は、必然的にアナログな人間関係の希薄化に繋がる。それは致し方ないとしても、年が改まる感慨、あるいは季節感までもがバーチャルに、希薄になっていくのは何とも堪らない気分です。

寒い夜には鍋。鍋になくてはならないものは白菜。こういう連想そのものが尊く、それに地方色が加わり、各家庭の拘《こだわ》りがバリエーションを生み、豊かな食文化が育まれてきました。効率だけではなく、そんな遊びの部分を重視する人工知能（ＡＩ）を、切に期待しています！　年頭を意識して力が入り、些《いささ》か大上段に振りかぶった発言、お許しください。

元日は刃物を使ってはいけないのだと教えられ、大晦日にお雑煮の具を準備していた母を「非科学的やな」と客観視していた幼い日の自分を思い出します。二日目からは包丁を使ってスライスしたロースハムや焼き豚がお重に加わり、三が日が終わってお節《せち》を食べつくした頃に満を持して登場する、その年初めての温かい料理が「鍋」。そして、水炊きであれ、しゃぶしゃぶであれ、すき焼きであれ、そこになくてはならない野菜が白菜でした。半生の葉っぱの部分をふうふうしながら食べるもよし、溶けそうになるまで煮込まれた根元の白いところもまた堪らなく旨い。自分の好みに合わせて加減出来る鍋料理は、子供心にも極めてクリエイティブなものでした。

白菜漬けの手伝いもさせられたものです。漬物石になりそうな手頃な大きさの石を探してきて、桶の蓋の上に載せるのが主な仕事。野菜から出てくる水の量の多さは、新鮮な驚きでした。母の手製の漬物が一番美味しいと信じて疑わない、意外と素直な子供だったように思います。

　漬物と鍋、この両方を同時に楽しめるのが『華都飯店《シャトーハンテン》』の白菜鍋です。『酸菜火《スワンツァイホオ》鍋《グオ》』というのが正式名称。塩を使わずに自然発酵させた白菜が主役の、清朝の貴族の末裔、馬《マー》家に伝わる家庭料理だそうです。暮れに大量に仕込んだ白菜漬けがなくなるまでの期間限定。寒くなると無性に食べたくなる、中国東北部のものなのに何故か懐かしい、季節感たっぷりの名物、一度お試しください。

　地中海沿岸が原産地とされている白菜が、中国で進化して日本に伝わったのは、明治に入ってからのこと。意外ですね。更に驚くのは、伊藤博文が初代統監として赴任した時に、日本から韓国に白菜を持ち込んだという事実です。キムチと言えば、我々はまず白菜キムチのことを思い浮かべます。でも、朝鮮語では単なる漬物の意味で、白菜のものは「ペチュキムチ」と言うのだと、韓国人の友達に教わりました。食べ物というのは、思いのほか早く伝わり定着していくものなんですね。

　今や、春白菜もありますし、夏の高原白菜も人気です。季節外れのものは高く売れるからという経済活動の賜物でしょう。一方で、昭和41（１９６６）年に制定された『野菜生産出荷安定法』の後押しもあるようです。白菜をはじめ14種類の主要野菜が、一年を通じて安定して市場に出回ることを目指した法律。良い悪いは別にして、旬を大切にするか、安定供給を確保することに重きを置くか、この類いの命題にはいつも頭を悩ませてしまいます。

年賀状の習慣そのものは古くからあったようですが、年賀葉書が初めて発売されたのは昭和24（１９４９）年のこと。年賀状がなくなる、紙の新聞はいずれ消えていく、様々な議論はありますが、アナログそのものを生業とする身として、それでもやっぱりデジタルネイティブに期待するしかない、そんな平成29年の始まりです。

（２０１６年 12月）

34

甲乙つけ難い海老の美味しさ

睦月

時々自分が「八方美人」じゃないかと思うことがあります。例えば先日、山梨県峡東地域の世界農業遺産推進協議会のシンポジウムで講演した時は、

「山梨県は、名実共に日本ワインのリーダーです！」

としっかり持ち上げてきました。その一方で、原産地呼称管理制度をいち早く導入し、ワインの官能審査委員に任命していただいている長野県を訪れた時には必ず、

「長野のワインのレベルは本当に高くなりましたね。世界からも注目されています。頑張ってください！」

と発破をかけます。地元大阪でイベントがあると、

「甲州葡萄が最初に日本に伝わったのは大阪です。戦前は日本一の葡萄産地。伝統を

復活させましょう！」

と夢を語ることにしていますし、道庁ぐるみでお世話になっている北海道の皆さんには、

「日本のワイン産地で最もポテンシャルが高く将来性があるのは、何と言っても北海道です！」

とエールを送ってきました。でもいずれも、心からそう思っての発言ですから、お許し願いましょう。

広大な北海道の中でも、余市は頭一つ抜けています。ウイスキーだけではなく、ワインの銘醸地として益々発展するでしょう。昨夏、久しぶりに訪れてそう確信しました。積丹《しゃこたん》半島の付け根にあるこの地は、黒潮の分流である対馬海流の影響で、冬も比較的温暖で、魚種も豊富です。「積丹産」と言うだけで、ブランド価値もぐっとアップする、食いしん坊には憧れの海を見下ろす素晴らしいロケーション。そこに垣根仕立ての葡萄畑が整然と広がっています。

昨年の『辰巳琢郎の葡萄酒《ワイン》浪漫』のロケは、欲張った撮影でスケジュールが厳しく、昼食はラーメンで済ませることにしたのですが、これがまた抜群でした。『じょぐら』

というお店で『余市前浜えびラーメン』を注文。豚骨&鶏ガラベースの味噌味のスープは、夕焼けのように真っ赤に染まり、殻ごとグリルした「甘海老」が5尾も乗っかっていました。こちらでは新潟県などと同様、「南蛮海老」と呼びます。南蛮とは、赤い唐辛子のことですね。更に嬉しかったのは、ご飯がセットになっていたこと。残ったスープに泳がせて頂くと、まるでブイヤベースのリゾットのような美味しさでした。色は出るけど辛味の少ない南蛮を使っている為、ピリ辛系が苦手でも全く抵抗なく食べられた、不思議な赤いラーメンです。

この店を始める前は「海老籠」の漁師で「前浜に揚がった新鮮なものしか使わない」と胸を張る大将が、「あそこのは大きくて特別や」とおっしゃったのが、羽幌《はぼろ》の「甘海老」。十何年か前、推理ドラマの撮影で滞在した、札幌と稚内のちょうど真ん中辺りに位置する小さな町です。サフォーク種の羊で有名な焼尻島《やぎしりとう》や、善知鳥《うとう》の一大繁殖地の天売島《てうりとう》へはここから船で渡りました。この日本海に面した港町こそ、「甘海老」の漁獲量が日本一。町役場の皆さんがロケ隊を歓迎して、地元の方でも滅多に口に出来ない焼尻の羊で、焼き肉パーティーをしてくださった時のことは忘れられません。

肉の味わいもさることながら、それ以上に驚いたのは、お母さん達が「甘海老」を剥《さば》くスピードでした。一尾に5秒もかかりません。お喋りをしながら手が動く。あっという間に「甘海老」の刺身の山が幾皿も出現していました。これがまた甘いのなんの。至福の一時でした。

海老の甘さを語るなら、鳥取県の「猛者《もさ》海老」に触れないわけにはいかないでしょう。「甘海老」と同じぐらいのサイズながら、やや黒っぽい見た目のせいか、以前は至って地味な存在でした。ところがその旨さに、今では人気が沸騰して高級品に。足が早いので、なかなか大都市ではお目にかかれません。北陸地方では、「泥海老」とか「がす海老」などとも呼ばれていますが、皆同じものです。

「伊勢海老」「車海老」「縞海老」「赤座海老」……海老には様々な種類があり、なかなか甲乙つけ難い。そして結局「こちらの海老は最高ですね！」と賛辞を送る「八方美人」化している自分に気付きます。

最近、「八方美人」は褒め言葉だと信じている人が増えてきたと聞きました。言葉は生き物。こういう解釈の変化も、たまには悪くないですね。

（2017年 1月）

35

玉子の旬はいつ?

如月

軽い気持ちで引き受けたこの巻頭エッセイも、間もなく丸3年になります。甘い考えでした。毎月の締切り前は四苦八苦、いえ七転八倒の眠れぬ日々。毎週のように締切りをこなすプロの物書きの皆様を、心の底から尊敬してしまいます。

しかしながら、有り難いこともあるんです。タイトルに「歳時記」とつけたお陰で、食の季節感に敏感になり、食べる楽しみが倍増したこと。味覚や嗅覚あるいは視覚に留まらず、脳までも動員して貪欲に味わうのが本当の食いしん坊だと、自らを叱咤激励しています。

気候の変動、生活様式の変化、バイオテクノロジーの進化に伴い、旬という感覚が恐ろしいほど希薄になってきました。そんな中でも、最も判りにくいものの一つが「卵」でしょう。一年中身近にある、いや、なければ困る食材。食材ですから「玉子」と表記した方がしっくり来ますね。果たして「玉子」の旬はいつなのでしょうか。

答えは、春。

昔々、人間に飼われる前、鶏はもちろん野生でした。その頃は他の鳥達と同様、春から夏にかけて卵を産み、雛を孵《かえ》していたそうです。長い年月をかけて、年がら年中無精卵を産み続けるように改良された鶏が、何とも可哀相な気もしますが、だからこそ無駄なく大切に食べなければなりません。

では、有精卵はどうなのか？　有精卵を産む鶏に限らず、自然環境の影響を受ける平飼いや放し飼いで育てられた鶏の卵は、やはり春が美味しいのだそうです。気温の低い冬から春にかけては動きが緩慢になり、卵を体内で育む期間が長くなる為、栄養価が高まり旨味も増す。ただ冬場は生命維持に体力を消耗するので、春の方に軍配が上がるということでしょうか。夏場は夏場で、水分を多く摂取する為、卵も水っぽくなるという説もあります。試してみなければ得心は出来ませんが、こういう予備知識を持って食べるだけでも、どこか豊かな気持ちになるものです。

それにしても、「玉子」ほどいろいろな料理に使える食材もないでしょう。出汁《だし》巻きやオムレツなど「玉子」そのものが主役の定番も幾つもありますし、ハンバーグやラーメンなどのトッピングや付け合わせとしても大人気。溶き玉子のないすき焼きは味気ないですし、親子丼や他人丼は「玉子」ありきの食文化。即席焼きそばをオムレツにするのは若かりし頃の十八番でしたし、チャーハンにも「玉子」をふんだんに使っていましたっけ。ケーキもアイスクリームも「玉子」なしでは大変ですし、繁華街に深夜までいると何故か玉子サンド（厚焼き玉子に限りますが）を注文してしまいます。あまりに頻繁に食べるものなので、季節を感じている暇がないという趣です。

では、ビタミンCがないだけで、ほぼ完全食品と呼んでもいい「玉子」は、どう料理するとその栄養を余さず吸収出来るのか？　学生時代の愛読書によると「ポーチド・エッグにするしかない」ということでした。卵白の中にはアビジンという物質が含まれており、それがビオチンというビタミンを不活性化する。そのアビジンが壊れる温度で白身が固まるので……という理由だったように記憶しています。作ってみると確かに美味しくて納得。栄養素が壊れていないので塩も何も必要なく、健康にも最高です。「ビオチン欠乏症は薄毛を招く」。そんな恐ろしい記事も、最近読みました。

冬の季語には「玉子酒」があります。子供の頃、よく父に作ってもらいました。こちらも栄養学的に、理に適ったもののようです。「物価の優等生」ともいわれる「玉子」は、まさに神様が人類に与えた贈り物ですね。

「染卵」という季語もあります。「イースター」つまり「復活祭」に飾る、彩色した『卵』のことです。今年の「イースター」は4月16日。生命の誕生の象徴でもある「卵」のことを、この機会にゆっくり考えてみませんか。

（2017年 2月）

36

アスパラガスは春のエネルギー

弥生

春はやっぱりいいですね。青春という言葉も美しい。数え年で六十になった今だからこそ判ることも、どんどん増えてきたような気がします。

「あと何回、この桜を見ることが出来るんやろ？」

そんな、悟ったような疑問符は適当にうっちゃって、新しいことに興味を持ち、春のエネルギーを体いっぱいに浴びる。それがいつまでも若くいられる秘訣でしょう。

春の息吹を感じる食材と言えば、日本ならタケノコ、西洋ならアスパラガスが筆頭でしょうか。『ホワイトアスパラガス前線』なる言葉を耳にしたこともあります。温暖なスペインから始まって、フランス、ベルギー、オランダ、ドイツと北上していく。秋のイタリアでのポルチーニ攻めのように、何処のレストランに入っても、判で押したようにホワイトアスパラを薦められたことを思い出します。日本ほど多様で趣に満ちた四季の移ろいは確かに稀です。でも世界中何処に行っても、多かれ少なかれ季節というものがあり、そこに住む人々の一喜一憂があります。

学生時代辺りまでは、アスパラと言えば「缶詰のふにゃふにゃしたもの」という認識でした。野菜サラダを高級に見せる為にあるような、味わいも栄養も希薄な不思議な存在。そう言えば近所にある、昭和の香り漂うステーキハウスのサラダがまさにそれ。恐らく半世紀ほど作り続けているのでしょう。でも久しぶりに食べると、このアスパラがまた良い味を出しているんです。ケチャップで味付けをしたスパゲッティ・ナポリタンが、妙に懐かしくて美味しく感じるように。味の記憶というものも、熟成するのかもしれませんね。

初めてホワイトアスパラを美味しいものと認識したのは、やはり『くいしん坊！万才』の北海道ロケ。羊蹄山の麓で収穫したてを頂いた時でした。柔らかさと歯応えが見事に両立した、思わず笑みが零《こぼ》れる逸品。「とにかくアスパラは鮮度」だと教えられました。生で皮も剥かずに食べられる。すぐにえぐみが出始めるので、流通事情が悪い頃は、缶詰にするしかなかったのも頷けます。

その時点までは、アスパラガスは緑に限ると信じていました。白は缶詰しか知らなかったからです。食べ方もしかり。アスパラの料理は数々あれど、串カツに優るものはないと思っています。串揚げという言い方もありますが、大阪人としてはどうしてもピンときません。とは言うものの、串カツ屋さんのアスパラは串が刺さっていない場合がほとんど。火が通りやすい緑の部分にベーコンや豚バラ肉を巻き、根元の火の通りにくい部分はパン粉もつけずに素揚げ。そこにアルミホイルなどを巻いて頭から齧《かじ》りつく、というのがよくあるパターンです。

アスパラガスを収穫しないでおくと、ぐんぐん伸びてスギナのように枝分かれし、箒《ほうき》を立てたような形になります。群生していると、雉《きじ》が姿を隠すのに丁度いい。そこで付いた名前が『オランダキジカクシ』。元々は観賞用として江戸時代の後期にオランダから伝わったものだそうです。地上の部分は秋には枯れますが、養分を蓄えた根株は冬を越し、春にはまた芽を出す。その芽を切って頂くわけです。でも根株は10年以上生き続ける。何とも不思議な野菜です。

函館で、初の世界料理学会が開かれた時のことです。それは衝撃的なアスパラガスと出会いました。名付けて『ポン太のアスパラ』。太くて甘くて滋味深い。鮮度が抜群なので、生で丸ごと何本でも食べられます。紹介してくださったシェフの言葉をお借りすると『世界一のアスパラガス』でした。白も素晴らしいけどグリーンは更に凄い。栄養価が高いのか、トイレに行くとまるで栄養ドリンクのようなお小水が……。必須アミノ酸の一つアスパラギン酸の名前は、もちろんアスパラガスからとられたものです。

実は今、無性に食べたくなったので、8年ぶりにポン太さんに電話しました。ところが何と畑の借用契約が切れて、作るのをやめてしまっていたのです。他の畑で作ってみたけれど、納得がいかなかったからとのこと。ないとなれば尚更食べたくなるのが人の常。挫けずに作ってくださいと、しっかり励ましました。食い意地が張っていると歳をとらない、これもまた大切な真理だと思います。

（2017年 3月）

37 鰺は偉大な大衆魚

卯月

鹿児島から鳥取への移動日に、大阪の実家に立ち寄ってきました。近所に住む弟からの要請で、押し入れの中に残してきた思い出の品を整理する為です。段ボール箱が10ほどあり、変色したガムテープを剥がすと、出てくるわ出てくるわ、懐かしいものが続々。答案用紙や修学旅行の栞、文集などに交ざって、大阪万博の公式パンフレットなども発掘され、まるで当時流行ったタイムカプセルを開けたような感覚でした。50年近い昔ですからねえ……今ではヨレヨレの両親も、まだ三十代だった頃。スタンプ帳にも、当時の興奮がしっかりと刻まれていました。

このＥＸＰＯ'70の年、最もヒットした歌が『黒ネコのタンゴ』でした。史上初めて２００万枚を突破したピンキーとキラーズの『恋の季節』を抜き去るセールスを記録。自分より4歳も年下の皆川おさむ君が大スターになったことにショックを受けつつも、親しみやすいイタリアのメロディーと可愛らしい歌詞の虜になりました。CDはもとより、カラオケもなかった時代ですが、日本中の子供達が歌っていたのではないでしょうか。実は、今回のテーマを「鯵《あじ》」にしようと決めた瞬間から、耳元でこの『黒ネコのタンゴ』が、本当にしつこく鳴り続けているのです。

だけどあんまり　イタズラすると
アジの干物は（ニャーオ）　おあずけだよ

鯵の一夜干しって、堪らなく旨いですよね。もちろん香ばしい焼きたてに限ります。醤油を垂らした大根おろしを乗せても良い。湯気のたつご飯と、味噌汁があれば、それだけで十二分に幸せです。

鯵フライも大好物。半身はレモン塩かタルタルソース、あるいは、からし醤油をつけて頂いても良いですが、残る半身には必ずソースをかけます。出来ればトンカツソースよりもウスターソース。ああ、すぐにでも鯵フライ定食が食べたくなってきました。

「鯵」の旬は、初夏から夏にかけてとされています。秋から冬が旬の「鯖」の脂が落ちてくると「鯵」が美味しくなってくる、そんな裏表の関係でしょうか。魚へんに「参」と書くのは、旧暦の参月（太陽暦では4月から5月）辺りになると脂が乗ってきて食べ頃になるから、という説が有力です。「旨過ぎて参った」の「参」なのだという説もあるようですし、味が良いことから「アジ」と名付けられたという説も、断固支持したいと思います。

大衆魚の王様とも呼ばれた「鯵」も、例に漏れず水揚げが減少し、価格も高騰してきているそうです。原因と目されているのは、気候変動による黒潮の蛇行、そして乱獲。小さな魚は捕らずに、大きく太らせてから捕れば良いのは判りきっているのに、何故かそれが出来ない。ノルウェーをはじめ世界各国で漁業は成長産業なのに、我が国だけが右肩下がり。悔しくてなりません。と書きながら、豆鯵の南蛮漬けや、小鯵の味醂干しを見るとすぐに手が出てしまう。食いしん坊は、常に矛盾を抱えて生きている存在です。

県別に見ると「鯵」の漁獲量は、長崎県と島根県がツートップ。合わせて全国の約半分を占めています。確かに、これまでで最も印象に残っている「鯵」にも、長崎で出会いました。思案橋から程近い裏路地にあった『とら寿し』。あの山口瞳さんがこの寿司を食べる為だけに夜行列車で通ったと言われ、遠藤周作さんも常連だった今や伝説のお店です。どのネタも地物で全く手抜きがなく、味わう度に「参った……」と呟いてしまう旨さ。東京では、まず食べられない「くま海老」、軽く焼いた「鰆《さわら》」、「鱚《きす》」の昆布締め、「穴子」、「太刀魚」……思い出すときりがありません。そして一流れ食べ終えた後、再登板をお願いするのはたいてい「鯵」でした。「これが本当に鯵ですか？」と何度も聞き返したものです。「大村湾の釣りあじです」と嬉しそうに返すご主人の声の響きが、今でも忘れられません。

２００８年2月29日の閉店の日に、７席しかないカウンターに座ったことは、食いしん坊としての細やかな自慢です。でも今は、そんなことよりもお預けを食らっている「アジの干物」が食べたい。でないと、この耳鳴りのような『黒ネコのタンゴ』が消えてくれないような気がしています。

（２０１７年　３月）

38

梅雨時は梅の実りの季節

皐月

娘が短期留学の為、イタリアに出発しました。たった1か月とはいえ、家族で一番賑やかな存在が居なくなると、ほっとする半面、やっぱり寂しいものです。

もうとっくに結婚して家を出ていてもおかしくない歳なのに、オペラの公演やコンサートの為に海外でレッスンを受け、日本での仕事が一段落するとまた渡欧するというパターンの繰り返し。収入よりも支出が何倍も多いという矛盾に憤りつつも、この道に入ることを許した以上、良いソプラノ歌手になるよう精一杯応援するしかないかと、半ば諦めています。必然的に父親の方も、まだまだ頑張らなければなりません。定年のない仕事でよかった！

娘が旅立った後は必ず、集め過ぎてスーツケースに入りきらなかったものが、部屋のあちこちに残されています。イタリアでは買えない食料品やお茶、日用品。そしてお土産。今回は梅干でした。日持ちはするし、それなりに高級品なので、少々重いのを我慢すれば、大変気の利いた手土産です。

梅干は、もっと干からびたものが薬として遣唐使によって伝えられ、我が国独自の進化を遂げたもの。日本の食文化を、しっかり支えてきました。塩梅《あんばい》という言葉も、塩味と酸味のバランスが料理には最も大切だということが由来だそうです。クエン酸をはじめ有機酸がたっぷり含まれていて、とにかく酸っぱい梅。新陳代謝を加速させ、疲労回復からダイエット効果まであると、最近は外国の方にも人気のようです。老化予防にも良いそうですから、もっともっと食べなくては……と考えただけで、涎《よだれ》が出てきてしまいました。この条件反射は、まだまだドメスティックなものかもしれませんね。

梅干を作るのは、熟して黄色くなった梅ですが、青い梅で造るものといえば梅酒。梅雨空に心が滅入る頃、反対にわくわくさせてくれるものが、スーパーなどの店頭に積まれた青梅です。ついつい買って帰りたくなる、まさに季節の風物詩。梅干も梅酒も保存が利くものですから、梅の木をハウス栽培する必要もなく、梅雨のシンボルであり続けているのでしょうね。

そう言えば子供の頃、梅酒の仕込みを毎年手伝わされていました。まず押し入れの奥から、２年間静置しておいた広口瓶を引っ張り出します。そして茶色い液体に変化した梅酒と、しわしわになった実を取り出し、綺麗に洗ってから新しく青い実と氷砂糖を入れ、ホワイトリカーで満たす。その前に、梅の実のへたを一つ一つ取るのも、大切な作業でしたっけ。ごほうびは梅酒の染み込んだ甘い実。おやつ代わりに食べていたら酔っ払ってしまったこともありました。

ところで、梅雨という季節は日本だけのものだと思われてませんか？　さに非ず。中国の長江の流域や、朝鮮半島の南部にも存在するのだそうです。さらに、この熟語自体が中国語が由来のものだと聞いて、正直驚きました。梅の実が熟す季節とのこと。ただ、あちらの方が温暖で、熟すのが少し早いらしいです。やっぱり日本の梅雨には、青梅の方が似合うと思いませんか？　「つゆ」という発音は、「露」に通じ、ぷっくりとふくらんだ青梅に降り注いだ雨粒である。こんなふうに、勝手に解釈することにしました。

日本一の梅の産地は、和歌山県。中でも一番人気は『南高梅』という品種です。大きくて、柔らかくて、肉厚の、トップブランド。ただ、その読み方が「なんこううめ」と「なんこうばい」の二通りあり、混乱しています。正解は、前者。南部《みなべ》高校、略して南高（なんこう）の生徒が、その調査研究に協力したからと現地で聞きました。こういう例は他にも多く、悩ましいところです。

ふと気が付きましたが、今の季節だから梅と聞くと青い実を思い浮かべますが、寒い時期だと確実に花を連想するでしょう。これも日本ならではの感じ方のはず。「花も実もある」という言葉も、梅の為じゃないかと考えてしまいます。奈良時代は「花見」と言えば梅の花を見ることだったと、ものの本で読んだことを思い出しました。

（2017年　5月）

39

不遇の夏野菜、きゅうり

水無月

どうやら我が国独特の文化のようですが、夏につきものなのが「怖い話」。「怪談」や「幽霊」「百物語」などを季語に取り上げている俳句結社もあります。夏の夜の耐えがたい暑さを、怖さでブルブル震えることによって凌ごうという庶民の知恵。この流行は、江戸時代の歌舞伎の興行あたりから始まり、テレビや映画のホラーものの大ヒットでピークを迎えました。ただ、文明の進化に伴い様々な謎が科学的に解明され、こちらの季節感も食卓同様だんだん薄れてきているのはちょっと寂しいところ。フィルムからデジタルに代わって心霊写真が撮れなくなった、などという話を耳にしたこともあります。

ところで、三大妖怪というのをご存じですか？　西洋では『ドラキュラ』『フランケンシュタイン』『狼男』、日本では『鬼』『天狗』『河童』になるそうです。この選択にはいろいろ議論もあるかと思いますが、その中で最も夏っぽいのは『河童』ではないでしょうか。そして『河童』の好物と言えば「きゅうり」。『河童』は水の神様の零落した姿とも言われ、古くから『水神』にはその年の初生《な》りの野菜をお供えしたことが由来のようです。

夏の実りの象徴の「きゅうり」、実は「世界一栄養のない野菜」としてギネスブックに掲載されています。可哀相ですよね。ビールにもろきゅうは定番ですし、きゅうりの浅漬けは夏バテの時の食欲増進剤。歯応えも抜群で、栄養がないということは逆にダイエット向き。値段も安いし、主役にはなかなかなれないけれど大変身近な、庶民の味方の野菜です。

そんなきゅうりも、産業革命の頃のイギリスでは高級食材でした。その名残が、アフタヌーンティーの時にスコーンなどと供されるきゅうりのサンドイッチ。きゅうりだけを具材にした、何ともシンプルで優雅な一品だと思います。

以前も書きましたが、子供の頃から栄養学に興味があり、様々な本や記事を読んでいました。その中に「生のきゅうりにはアスコルビナーゼという酵素が含まれていて、それがビタミンCを破壊するので、あまりたくさん食べない方が良い」という記述があったのです。それ以来、出来るだけきゅうりを食べるのを避けるようになりました。「自分はきゅうりが嫌いなのだ」と言い聞かせて。

昭和40年代前半、外食するという習慣がほとんどなく、うどん屋さんかお好み焼屋さんぐらいしか近所になかった時代です。なのではっきり覚えているのですが、家から歩いて5分程のところに、カウンターだけの小さな洋食屋さんがオープンしました。そこで食べたチャーハンの美味しかったこと！　そのお店の洋風焼飯《やきめし》には、1センチ角ぐらいに刻んだきゅうりが入っていたのです。熱々のきゅうりを口にしたのは、この時が初めて。「アスコルビナーゼが不活性化されているから、このきゅうりならいくら食べても大丈夫なはずや」などと考えていた、ませたガキでした。

最近になって、この説は否定されたようです。ビタミンCは少し形を変えるだけで、効力に変わりはないという研究結果だったと思います。こんなことがあって良いのでしょうか。失われた50年を返してくれ！と叫びたい気分。それにしても、本当に可哀相な野菜です。

きゅうり巻きのことをカッパ巻きと一般的には呼ばれています。特に子供さんに人気なのでしょう、季節感に拘《こだわ》るお寿司屋さんでも、一年中作っているようです。でもきゅうりと言えば夏。最近通い始めたお店では、夏限定のメニューとして、〆た鯵にすりおろしたきゅうりをのせたものがあります。三杯酢と生姜の香りをつけたこのきゅうりソース、涼やかな絶品です。

夏から秋にかけての露地もののきゅうりの生産量は、福島県が日本一。その答えを期待して大将に尋ねたら、

「いやあ、きゅうりの産地まで気にしたことはないですねえ」

つくづく可哀相な野菜です。

（2017年 6月）

40 今では鰯も高級魚

文月

朝昼抜きの生活パターンに変えて、もう随分になります。きっかけは、ギネスブックにも掲載されている日本が誇るピアニスト横山幸雄君です。急にキリッと引き締まった体つきになった彼にその理由を尋ねると、

「一日一食にしたんだ。夜を抜く訳にはいかないし、ワインもやめられないでしょ。その代わり夜は食べたいものを食べたいだけ食べています。」

なるほど！と思いました。朝8時から真夜中過ぎまでのリサイタルをこなしながら、体調も顔色もすこぶる良さそうな超人ピアニストに触発されて、次の日から即実行。ただ彼のように、夕方の6時までは何も食べないというような厳格さはなし。必ず一日3回、朝昼晩と食事を摂りなさいという、現代の常識を疑ってみたまでです。

ところが根っからの食いしん坊、なかなかディナーだけで済まないのが悩みの種。「朝食と昼食を抜く代わりに、夜は思う存分食べて良い」というルールを作ったが為、二次会でもしっかり食べ、〆のラーメンなども食べと、結局一日3回ぐらいになってしまいます。晩飯、夜食、深夜食の三本立。だって、真夜中の炭水化物ほど美味しいものはないと思いませんか。

忙しい昼間の時間を有効に使えるのと、空腹の方が眠気を感じなくて集中しやすいなど、このリズムは決して悪くはないと信じています。でも、時々無性にランチを食べたくなることもあるんです。その筆頭が、広島から毎朝空輸されると聞く『安芸路※酔心』の『小いわし丼』。実際は四角いお重にご飯が敷かれ、その上に手開きにされた小指ぐらいの鰯《いわし》がびっしりと並び、きらきらと輝いている芸術的な逸品です。都心でのロケや打ち合わせが午前中に終わったりすると、まず頭に浮かぶのが西新橋にあるこのお店に駆け付けること。何せ数量限定なので早めに辿り着かなければなりません。実は昨日も、銀座で11時前に解放されたので勇んで電話したところ、

「今日は小鰯はありません。日曜日は漁がないので、月曜日は入らないことが多いん

ですよ」

と思いがけない返事。いつでも食べられるとは限らないというのも、空腹と同じように大切な調味料なのかもしれませんね。

ランチではありませんが、大阪で飲んでいる時に無性に食べたくなるのが、福島のとある人気バルの『鰯サンド』。パリッと焼きあげたトーストに鰯フライを挟んだこの店の定番メニューです。バターと青紫蘇の香りがアクセントになって、一口齧《かじ》ると思わず笑みがこぼれます。鰯を中心とした創作料理が大変リーズナブルなこの隠れ家、席数も少なくなかなか入れないので、店名は内緒にしておきましょう。

大阪は食い倒れの街ながら、新鮮な魚が揚がるイメージは殆どないと思います。ところがどっこい、江戸前寿司の東京湾と同じように、大阪湾も素晴らしい漁場です。中でも有名なのが鰯。たくさんの川が流れ込み、栄養の豊富なこの内海でのんびり育った鰯は、丸々と太り『金太郎いわし』と呼ばれ珍重されています。築地でも高値で取り引きされているのに、あまり知られていないのはちょっと残念。何と言っても、鰯やシラスが水揚げされる岸和田漁港は、関空のすぐそば。静岡や千葉の鰯より早く築地に到着できるのも好評のようです。

今でこそ高級魚の仲間入りをした感のある鰯も、昔は下等な魚として身分の高い人は口にしないものでした。けれども鰯好きだった紫式部は、亭主の留守を見計らってこっそり焼いて食べてしまいます。でも部屋に残った臭いの為、ばれて咎められてしまいました。そこで即座に切り返した歌が、

「日の本に　はやらせ給ふ　いわしみず　まゐらぬ人は　あらじとぞ思ふ」

皆がお参りに行く石清水《いわしみず》八幡宮と鰯をかけて、誰もが鰯好きなんですよと主張しています。本当に頭のいい人ですね。これも、健脳食と言っても良い鰯を食べていたからでしょうか。この逸話、大変よく出来ていると思うのですが、一つ重大な疑問があります。傷みの早い、文字通り「弱い魚」の鰯を、どうやって美味しさを損なわないまま京都まで運んだのでしょうか？


（２０１７年　７月）

※『安芸路酔心』西新橋店はクローズして、新宿店のみに。

41 実りの季節はサツマイモ

葉月

実りの秋になりました。食べられるものを自ら収穫するというのは、根源的な楽しみだとは思いませんか？　ワイナリー訪問が半ば仕事になってしまった為、「収穫＝葡萄」とすぐに連想してしまいがちですが、生まれて初めての収穫体験は、サツマイモでした。「芋掘り」です。小学校に入ったばかりの頃だったでしょうか。美味しそうなお芋さんが幾つも連なって土の中から現れるのに興奮したこと、母に蒸してもらって熱々を頬張った時の甘さ……ついこの間のことのように思い出されます。

高度成長期とは言え、それ程豊かではなかったのでしょう、食卓にサツマイモが登場する回数は、今よりもずっと多く、子供達の好物の一つでした。味噌汁の具にしてほしいと、度々リクエストしていたことも覚えています。柔らかくなったサツマイモ

を、スプーンで潰し、味噌汁で少しのばして啜《すす》る。これが何とも旨いんです。お代わりしようとすると、

「お芋さんを食べ過ぎると、おならが出るで」

と、必ず父に注意されました。9人兄弟の末っ子で、くそ真面目で、勉強家だった父も、何故かおならに関してはフランク。この手の話が好きでした。精一杯のユーモアのつもりだったのかもしれません。おまけに所構わず正々堂々とおならをする人だったので、そんなものかと学んだ息子は、誤魔化すことを潔しとせず、長じて苦労しています。

でもよく考えてみると、音が出ないのはおならではないのです。「おなら」という言い方は、宮中の女房言葉の「お鳴らし」から来ているそうですから。無音の放屁は「屁」と表現すべきでしょう。もう一つ、現代の栄養学では、おさつ（これも女房言葉です）も皮ごと食べると、ヤラピンという成分の働きで腸の働きが活発になり、おならが出にくくなるのだそうです。今度実家に帰った時、きちんと父に説明しておかなければ……。

閑話休題。さすがに「薩摩の芋」と呼ばれるだけあって、サツマイモの生産量は鹿児島県が堂々の日本一。ところが、その約半分が焼酎に回されるということをご存じでしたか？　しかも、この地で芋焼酎造りが始まったのは、ペリーの黒船がやってきた頃。それまでは、薩摩の国でも米焼酎が飲まれていました。米は食用に回すべしと製造法の改良を命じたのは、幕末の名君と名高い島津斉彬《なりあきら》公。薩摩藩の富国強兵策の一環だった訳です。

その後、数々のイノベーションを経て、現在の百花繚乱たる焼酎文化が育ち、我々もそれを享受しています。ただ、ブームのお陰でサツマイモの生産が追いつかず、輸入原料が増えてきたのが気掛かりなところ。日本酒や日本ワインと同じように、国産原料を使った国酒として、しっかり応援したいと思っています。

いずれにせよ、ビタミンもたっぷりで繊維質も豊富、美容の為にも健康の為にも、もっと注目されても良いサツマイモ。糖化酵素のアミラーゼが含まれていて、ゆっくり熱するととっても甘くなる不思議な作物。おかずにもおやつにもお酒にもなる万能ぶりは、さながら神が人類に遣わしたスーパースターのようです。

焼き芋も、干し芋も、本当に味わい深くて大好きですが、代表的な料理を一つといえば、やはり天麩羅でしょうか。低温で時間をかけてゆっくり揚げたサツマイモは、適度に脱水され、驚くほど甘くなり、メインディッシュにもなり得る美味しさだと思います。

銀座に、素晴らしい天麩羅を揚げる名人がいました。過去形にしたのは、亡くなったからではありません。二度と行かないと決めたからです。もう10年以上も前のこと。珍しく直前に予約が取れたのでそのお店に出かけたところ、

「最初に予約されていたお客様が、時間になってもいらっしゃらなかったので、そのお席をご案内したのですが、今お越しになられまして……」

と追い返されてしまったからなのです。料理とサービスは半分半分。どれ程美味しいものを出そうが、サービスが悪いとその味は半減、否それ以下になってしまいます。

甘いサツマイモの話のはずが、ほろ苦い話になってしまいました。

（2017年 8月）

42 りんごはノスタルジック

長月

昔の話をしたがるのは、歳をとった証拠。それはよく判っています。でも、もうすぐ還暦。ここらで書き留めておかないと、思い出せなくなってしまうという恐怖感に苛まれているのです。それに、何と言っても今回のテーマは、りんご。どうか、大目に見てやってください。

とにかく懐かしい思い出が沢山あるりんご。ところが、他の果物と比べると、どうも季節感が薄いようです。夏場には早生種の収穫が始まり、初冬まで様々な品種が次々に実ります。その後も、窒素や炭酸ガスなどを使った保存法が確立されており、半年以上も出荷が可能。一年中市場に出回っていると言っても過言ではありません。熱を出して寝込んだ時に、母が必ず作ってくれた「りんごのすりおろし」。これを食べられるのなら、ずっと病気でもいいや……と思うぐらい大好きだったのに、季節とは全く結びつかない記憶なのです。

我が家の使いこまれた卸し金は、確か金色でした。真鍮だったのでしょうか。りんごはすりおろすとすぐに茶色くなってしまいます。見た目は良くないのですが、一口ずつスプーンで食べさせてもらった、あの何とも言えない舌触り。あまり酸っぱくはありませんでしたから、おそらく『国光』だったに違いありません。

幼児期に獲得した知識は、なかなか忘れられない、いえ、忘れたくないという力が働くようです。当時は、梨だったら『二十世紀』か『長十郎』、バナナなら『南米』か『台湾』と相場が決まっていました。そしてりんごなら『国光』か『満紅』が二大品種。『千成』の別名もある後者は、東京に出た時に『紅玉』と呼ぶのが正式だと教わります。『満紅』は関東ではタブーだったのでしょう。酸味が強くて、お菓子やシードルの原料としても最高。今でもこの二つの品種が愛しくて仕方ありません。

青森県の藤崎町で、『国光』と『デリシャス』を交配して生まれたのが『ふじ』。発表は昭和33（1958）年。命名されたのはもう少し後ですが、今や世界一の品種です。何しろ、生産量が青森県の100倍以上で、世界シェアが6割近い中国のりんごの約3分の2が『ふじ』とのこと。同じ年生まれとしては、若干複雑な気持ちはあれ、大変誇らしく思っています。

甘いりんごを料理に加えるという、今では珍しくも何ともないことに驚いたのも、この頃でした。あの衝撃的な『ハウスバーモントカレー』のコマーシャル。もちろん、テレビですよ。

「〜〜とろりとけてるリンゴとハチミツ〜〜」

忘れられないフレーズです。野坂昭如作詞、いずみたく作曲という、まさにゴールデンコンビの作品だと、今回ググってみて初めて知りました。さもありなんですね。「甘いカレーなんて」と大人ぶる友達から馬鹿にされながらも、一貫して甘口好きだということを、白状しておきます。

マクドナルドの『ホットアップルパイ』も、かなりの衝撃でした。昭和46（1971）年に日本上陸、その翌年に大阪の1号店がオープン。割引券を持って駆けつけました。現在は『あべのハルカス』になっている場所です。スイーツ文化も殆どなかった当時、好奇心いっぱいの中学2年生にとっては、最高のおやつでした。

武田薬品工業がお米屋さんで流通させていた『プラッシー』。こちらはオレンジジュースでしたが、その兄弟分に『マリンカ』というりんごソーダがありました。これにも一時嵌《は》まってしまい……。

どうもりんごのことを考えると、ノスタルジックな話がどんどん出てきてしまいます。これも世代によって、随分違うのでしょうね。

そう言えば、アップル社を創業した故スティーブ・ジョブズ氏。僕より三つ程年上の彼の「りんご体験」には、とても興味があります。きっと大好きだったに違いありません。因《ちな》みに『マッキントッシュ』はりんごの品種名。日本では『旭』と呼ばれています。

（2017年　9月）

43

人参を食べたい！

神無月

　ワインの番組を始めて、そろそろ12年になります。『辰巳ワイナリー』と『辰巳琢郎のワイン番組』はBSフジで放送し、BSジャパンに引っ越してからは『辰巳琢郎の葡萄酒《ワイン》浪漫』とタイトルを変えて今に至っている、大変良質なコンテンツです。

　低予算の中、使命感を持ち、知恵を絞って続けてきた、文字通り手作りの番組。自分で直接スポンサーさんにお願いしているものですから、責任もあります。編集作業の段階で、テロップの文字からナレーション原稿まで、間違いがないか事細かにチェックしなければなりません。徹夜も日常茶飯事。最も大変なのが、現地の単語の日本語表記の統一です。

『ボジョレー・ヌーボー』と書くか『ボージョレ・ヌーヴォー』にするか、どちらが正しいと思いますか？　実は輸入会社によって区々《まちまち》なんです。でも、一つの番組の中で複数の表記を使いたくない。また先日は、オーストリアのあるワイナリーのご当主の名前が「リチャード」と資料に書かれているのを発見。これはドイツ語読みの「リヒャルト」にすべきじゃないかと、時間をかけて確認するわけです。「そんなことどうでも良いのでは？」などと軽んずることなかれ。細かい拘《こだわ》りの積み重ねこそ、もの作りの基本だと信じていますから。

ただ、突然公的な表記が変えられてしまうのは困りもの。例えば2年前に『グルジア』が『ジョージア』になったのは、ちょっとショックでした。ワイン発祥の地として、一種の聖地のような存在だった『グルジア』の響きは、やはり特別でしたから。ロシア語読みが英語読みになっただけなのに、この違和感は何なのでしょうか。いっそのこと、正式な国名『サカルトヴェロ』の方が良かったのに……。

同じような例に「カロチン」が「カロテン」に変わった事件があります。こちらは、たったの一文字だけ。ドイツ語っぽい発音から英語っぽい発音への変化です。2000年に御触れは出されていたそうですが、十代の頃に叩き込まれた「β《ベータ》-カロチン」という言葉は、そう簡単には捨てられません。今このエッセイを書いている骨董品のようなワープロも、「かろてん」をきちんと片仮名に変換してくれないので、「カロチン」でお許しください。

体内でビタミンAに変換されるβ-カロチンは、抗酸化物質であり、免疫力を高めたり生活習慣病を予防したりする働きがあります。この大切な栄養素を、とりわけたくさん含んでいる素晴らしい野菜が人参、つまりキャロット。そう、お察しの通りカロチンの語源は人参だったのです。

じゃがいも、玉ねぎと並んで「三大家庭常備野菜」と言っても良い人参。一年中冷蔵庫の野菜室で見掛ける気がしますが、本来の旬は秋から冬にかけて。漢方の世界では、体を温める食物になるそうです。でも、身近で安価なビタミン補給の食材の代表という立ち位置で、学生時代も本当に重宝しました。カレーライスにチャーハンに、野菜炒めに肉じゃがに、それこそなくてはならない存在。鍋物やスープの色付けにも大活躍。なのに「人参を食べたい」と心から思ったことは一度もなかったような気がします。言わば、名脇役なんですね。

ご多分に漏れず幼少の砌《みぎり》、人参は大の苦手でした。つんと来るあの臭いが嫌だったのでしょう。母も食べさせるのに苦労したと思います。カレーの中に微塵切りにして忍び込ませた人参を、一粒一粒お皿の外に摘み出す器用さを持ち合わせていましたから。それを好んで食べるようになるとは、大変な変わりよう。小学校に入って給食が始まり、友達に刺激されたこともあるでしょう。でも、自然なことだったのかもしれません。伸び盛りの時期には、体に必要な栄養を出来るだけ取り込もうと、ある種の野性が目覚める、そんなふうに考えると。心は嫌がっても、体が欲していたような気がします。

今、ふと食べたくなったのは、珍しく人参が主役の沖縄料理『にんじんしりしり』です。人参の千切りを油で炒めるので、β‐カロチンを最も効率的に吸収出来、かつ玉子でとじるので栄養バランスも抜群。疲れているのでしょうか。ただ、体ではなく頭が欲しているような気がしないでもありません。

（2017年　10月）

44

鮪はやっぱり魅力的

霜月

まずは問題です。対人口比で、お寿司屋さんの数が一番多い県は何処でしょう？クイズ好きや食通の方には簡単過ぎたかもしれませんね。答えは、山梨県。海がないので生魚への憧れが強いのだと、地元の友人に聞いたことがあります。なるほど、最下位が山梨県の3分の1にも届かない高知県で、ブービー賞が鳥取県ですから、さもありなん……と思いきや、2番目に多いのが石川県だという事実には混乱してしまいます。ともあれ、どんなランキングであろうと、上からであれ下からであれ、トップというのは大切なこと。皆さんから注目されるので『やまなし大使』としても『高知県観光特使』としても、嬉しいトピックです。

とは言え、お寿司屋さんの絶対数から言うと、東京都がぶっちぎりのトップであることは間違いありません。江戸前寿司という言葉もある通り、花のお江戸を象徴する食文化。そしてその花形は「鮪《まぐろ》」だと、これまた異議を唱えにくいところでしょう。

ところが、傍に「鮪が命」みたいな方がいると、大人げないと思いながらも、すぐにこんな発言をしてしまいます。

「僕は鮪のない寿司屋もありだと思いますよ」

大阪出身ですし、両親が石川県人だということもあるのか、昔から「鮪」にそれほど惹かれた記憶がないのです。学生時代、京都に初めて登場した回転寿司に、清水の舞台から飛び下りるような気持ちで入った時も、鮪の赤身には手が伸びませんでした。恐らく。人並みに稼げるようになってからは、中トロの炙りなどは時々食べていましたが、「お好きなお寿司屋さんは？」と取材されると、決まって鮪を出さない、あるいは鮪重視ではない地方の名店を推薦していたものです。でも実は、寿司と蕎麦だけは東京には勝てないいや的な、アンチ巨人的な天《あま》の邪鬼《じゃく》な感情が働いていることを自覚しています。

「鮪」が、それも赤身が心の底から美味しいと感じ出してきたのは、かなり最近のことです。まずヅケを頼み、美味しかったら今度はそのままの握りをもう一貫。陶然とする血の香り。泳ぎを止めると死んでしまうと言われるマグロの長い旅に思いを馳せ、しっかり噛み締めます。季節によって、捕れた場所によって、食べた餌によって当然の如く味わいが違う。天然ものは皆そうかもしれません。ただ「鮪」はその違いが、とりわけ顕著だと感じます。

約5000年前の縄文時代の貝塚からもその骨が出てくるほど、鮪は身近な魚でした。日本書紀などによると、読み方は「シビ」。最近はあまり聞かなくなりました。鮪一般を指す言葉だそうですが、ついつい最高級のクロマグロを思い浮かべてしまいます。昔気質の大将から「良いシビが入ってますよ」などと言われると、その表現にしびれて注文せずにはいられません。

ところが、シビは「死人」や「死日」を連想させることもあり、公家からも武士からも遠ざけられていました。庶民も隠れて食べていた、日陰者的な存在。それが一躍脚光を浴びるのが、ヅケの発明からと言われています。頃は江戸後期。文化文政時代から天保年間にかけて、大変な豊漁が幾度かあり、足が早い鮪をどうしようかと知恵を絞ったのですね。野田の醤油の発展も後押し。ヅケによって、寿司文化も一気に花開いたようです。

呼び名が「シビ」から「マグロ」に移行したのもこの時期と考えられています。目が黒いからメグロ、マグロと変化したのか、すぐに酸化して黒くなるので真っ黒からマグロになったのか、いずれにしても新しい呼び方です。目黒と言えば秋刀魚。そんな訳で、「鮪」と「秋刀魚」を取り違えたという笑い話もあります。

マグロは、サンマなどの小魚を追いかけて回遊しますが、その道のプロによると、一番美味しいのはスルメイカを食べている鮪とのこと。初競りで高値がつく、冬景色の津軽海峡の「鮪」がまさにそれですね。確かに、胃袋を割くと塩辛になったイカがごっそり出てきたという話を聞いたこともあります。

あまり好みではないと言いながら、書くネタが多すぎるので来月号に続けたいくらい。しゃくですが「鮪」は魅力的な魚です。

（2017年 11月）

45

最も好きな野菜は……

師走

先日、初めて訪れたお寿司屋さんで「ネギトロの手巻き」を注文しました。その前に頂いた『ヅケ』が蕩《とろ》けるように美味しかったからです。当然、トロの端を切り取り、包丁でたたいて作ってくださると思いきや、大将が冷蔵庫から取り出したのは本鮪の使いさしのかま。そして、骨や皮に付いた残り少ない身をスプーンでこそげ始めるではありませんか。その瞬間『ネギトロ』の語源を思い出したのです。この行為を「ねぎとる」と呼ぶことを。それが『麦とろ』の発音に似た『ネギトロ』と変化して広まり、定着した。頭の片隅に潜んでいた記憶を手繰り寄せました。そう、葱は全く関係なかったのです。目の前で料理された元祖『ネギトロ』は、パリパリの海苔に巻かれ、格別の味わいでした。

失礼しました。今回のテーマは「葱」です。前回の「鮪」を引きずってしまいましたが、引きずりついでにもう一つ。

焼き鳥屋さんに行くと必ず頼む串の定番は「ネギマ」です。つい最近まで、鶏肉の間に葱が挟んであるから「葱間」だと、信じて疑いませんでした。豈図《あにはか》らんや、本来は「葱鮪」だったとは。以前は鶏ではなく、鮪の切り身の間に葱を挟んで串刺しにしていたからだそうです。さらに元を辿れば、脂が強いので「ヅケ」にも出来ず、余ったトロの部分を葱と共に鍋に仕立てた「葱鮪鍋」に行き着きます。東京に出てきて初めて教わった濃口醤油仕立ての鍋に、些《いささ》か戸惑いながらも、その葱の美味しさは実に印象深いものでした。

話は少し逸れますが、室蘭に行った時のこと。ソウルフードだと聞いて入った焼き鳥屋さんでの驚きは、それこそ「葱鮪」以上でした。何しろ豚肉と玉ねぎの串焼きが出てきたのですから。

「すみません、焼き鳥をお願いしたのですが……」

「はい、それが焼き鳥ですよ」

串に刺した形状を「焼き鳥」と呼ぶようです。食文化とは、かくも面白い。

焼き鳥のネギマに使われている葱もそうですが、葱と聞いて「青ねぎ」を思い浮かべるか、それとも「白ねぎ」かは関西出身か関東出身かで大きな違いがあります。例えば、ざる蕎麦の薬味に白ねぎが供されることには、未だに慣れません。一方、熱々のきつねうどんの大きな薄揚げの上に山盛りになった葱のグリーンには、どうしようもなく食欲をそそられます。考えただけでも涎《よだれ》が出てきてしまいました。蕎麦よりもうどんが好きなのは、多分この辺りも影響しているようです。

大阪に住んでいた子供の頃、白ねぎのことを「東京ねぎ」と呼んでいたものです。薬味にも、お味噌汁の具にも、玉子綴じにも、普段は青ねぎ。ところがすき焼きや鍋物になると「東京ねぎ」の出番でした。グツグツ煮込んで、お肉やお魚の出汁《だし》が染み込み、くたっと柔らかくなった葱は、まさに鍋料理の主役。葱のない鍋など考えられません。

伊賀牛で有名な『金谷』という料理屋さんがあります。上野城の城下町に佇む、1階ではお肉も販売する老舗。こちらのすき焼きには青ねぎ(玉ねぎ系です)が使われています。砂糖と醤油で味付けをする関西風。煮るのではなく焼く系統ですから、青ねぎの旨さが際立つのでしょう。

ここまで書き進めてきて、漸《よう》く気付きました。最も好きな野菜は、葱だったのじゃないかと。言い方を変えると、ないと困る野菜ナンバーワン。ご飯やお茶と同様、葱のない食生活は、ちょっと考えられません。

学生時代は、京都で一人暮らしをしていました。木造2階建ての1階。北向きの六畳一間。でも小さなキッチンが付いていて、劇団の仲間を時々鍋でもてなしたものです。最高に有り難かったのは、裏庭に小さな畑があり、大家さんが葱を植えていたこと。薬味がなくなっても拝借できます。ある時後輩に

「外へ行って、葱を2本程折って来い！」

と頼みました。ところが、戻って来た彼が手にしていたのは、根こそぎにされた大きな二株。すぐに埋め戻させたのは、言うまでもありません。

（2017年　12月）

46 河豚は高貴な味わい

睦月

今回は、満を持して河豚《ふぐ》をテーマにしました。これがまた、なかなか難しい。蕎麦と同じで、一家言持つ方やマニアックな方が多そうなので、何を書けば興味を持っていただけるか、正直悩んでいます。おまけに、大好物だと言い切れない弱みまであり。「自分なりに極めていない」と言うべきでしょうか。捌《さば》きたてのコリコリした薄造りも、2日程経って旨味がジワッと広がったものも、いずれも捨てがたい魅力があって、どちらが上か決められません。本当は唐揚げが大好きなのですが、そんなことを表明すると、判ってないと言われそう。なので、まずは概論から始めましょう。

最近は、東京にも河豚を扱うお店が増え、地域色が薄れてきましたが、河豚の最大消費地は、今でも大阪です。ご存じのように「あたると死ぬ」から、河豚は鉄砲と称され、鉄砲の刺身だから『てっさ』、鉄砲のちり鍋だから『てっちり』と子供の頃から教えられていました。庶民でも普通に食べることが出来る、ソウルフードの如きもの。以前は全国の4分の3ぐらいは大阪で消費されていたそうです。今は6割前後とは言え、まだまだ「大阪名物」と表現してもクレームをつけられないと思います。

一方、水揚げ量の日本一は、意外なことに石川県。能登半島周辺は産卵地でもあり、素晴らしい漁場のようです。石川県生まれといたしましては、何となく誇らしい気分。ただ、最高級のトラフグはそれほど多くはなく、ゴマフグ、マフグ、ショウサイフグなどが主に揚がります。河豚にもいろいろ種類があるんですね。他にもヒガンフグやシロサバフグ。そしてその卵巣を食するのも、石川県独自の文化のようです。河豚の持つ猛毒、テトロドトキシンを微生物の働きで時間をかけて無毒化した珍味、卵巣の糠漬けや粕漬けを味わったことはありますか？　これまた『くいしん坊！万才』のロケで訪れた『あら与』さんで、トライさせられました。「安全です」と言われても、ただただ怖かった。最近は「安全と安心の違い」についてよく議論されていますが、全く別物です。本当に決死の覚悟でした。小心者なんです。もしテレビカメラが回っていなかったら、一生河豚の卵巣には手を出さなかったでしょう。そして、一生この美味を知らずにいたでしょう。

では、トラフグの水揚げはどうなのか。これまた意外なことに、三重、愛知、静岡の東海三県で約6割を占めていると聞きました。15年程前からの黒潮の流れの変化が、生態系にも影響を及ぼしているようです。

縄文時代の貝塚からその骨が発見されているほど、日本では身近だった河豚。これを食べるのを禁止したのは、豊臣秀吉でした。朝鮮出兵に参加する武士が、河豚の毒で亡くなるという事故があった為です。その後は、公には食べられていなかったようですが、その禁を解いたのが、伊藤博文。明治21（1888）年のことでした。時化《しけ》の為に他の魚が手に入らず、恐る恐る出した河豚を、初代の総理はいたく気に入り「こんな旨いものを食べないのはけしからん」みたいな流れになったそうな。その7年後、この料亭『春帆楼《しゅんぱんろう》』で、下関条約（日清講和条約）が結ばれました。李鴻章も、恐る恐る河豚を口にしたのでしょうか。このような経緯もあり、河豚の取扱量は、今でも下関の市場が日本一です。

身の透ける下関の薄造りは、大きな有田焼などの絵皿にびっしり並べられ、まさに芸術品。一方、懇意にさせていただいている臼杵《うすき》の『喜楽庵』の河豚は、分厚く切られていて食べ応えがあります。質問したところ、目の前が豊後水道なので、捕れたての活きのいいトラフグを使える為、身が柔らかくてこれ以上は薄く引けないとのことでした。とっても得した気持ちになります。

河豚の白子が美味しいと唸ったのも、このお店が最初だったような気がします。生でも、鍋に入れても、じっくり炭火で焼いても、まさに高貴な味わい。中国古代四大美人の一人、西施《せいし》の名をとって『西施乳』とも呼ばれています。『臥薪嘗胆』という四文字熟語も生まれた春秋時代のエピソード、興味のある方は、是非お調べください。

（2018年 1月）

47 千切りだけでないキャベツ

如月

とうとう今年、還暦を迎えてしまいます。子供の頃はSFの世界に他ならなかった21世紀も、既に18年目に突入。昭和の次の平成も、まさに終わらんとしています。「歳を重ねると月日の経つのが早く感じられるようになる」、この相対的な時間の感じ方は、確かに真理だと思いますが、最近もう一つの真理を発見しました。「歳を重ねると過去がどんどん近くなってくる」というものです。

中学生になった頃は、自分の人生と同じ時間だけ誕生日から遡ると終戦がありました。親から戦争中の苦労話を聞かされて育ったこともあり、それなりに想像の及ぶ過去だった訳です。ところが戦前となると、それこそ大昔の世界。でも今なら、これまで生きてきた60年の倍の時間の長さが、実感として理解出来ます。計算すると19世紀の「世紀末」。日本史的には日清戦争と日露戦争の間の時代です。ピンポイントで言えば、ビスマルクが没し、エリザベートが暗殺された年。米西戦争に勝ったアメリカが、フィリピンやグアム、プエルトリコを自国の領土にしたり、ハワイを併合したのもこの年です。そんな時代が、それほど昔に感じられなくなってきたこの感覚が、嬉しくてたまりません。

そして別の意味で驚くのが、「キャベツ」という野菜が漸《ようや》くこの頃、世間に認知され始めたという事実です。レタスは奈良時代には既に食べられていましたが、キャベツが我が国に伝わったのは江戸時代の末期。広く知られるようになったのは20世紀に入ってからなのだそうです。

明治の文明開化は、我が国の食文化を大きく変えました。四つ足の獣の肉を食べるようになったのが、一番の変化でしょう。居留外国人の為に、西洋料理のレストランも出来ました。しかし一般の市民にはなかなか馴染まない。そこで様々な工夫がなされたようです。例えば、バターで焼いてオーブンで仕上げる子牛のコトレットを、豚肉に代えて油でカリッと揚げることを、銀座の『煉瓦亭』が考案。戦争の色濃き時代だったので、これを『カツレツ』と他の店が名付け大ヒットしたという逸話も残っています。次に付け合わせ。当初は人参やジャガイモなどの温野菜でした。元々は薬味の葱や大根おろしぐらいしか、生で野菜を食べる習慣はありません。そこに苦し紛れで登場したのが、「生のキャベツ」の千切りだったのです。若いコックを日露戦争にとられて、人手不足で温野菜が作れず、仕方なく添えた即席の千切りが好評を博したとのこと。これが今や定番中の定番なのですから、世の中判りません。

千切りに向いているのは、やはり瑞々しくて柔らかい春キャベツでしょう。言葉の響きもいいですよね。わざわざ春とつけるのは、本来の旬が冬場だからです。1月から3月にかけて。ですから俳句の季語としては春に分類されます。ところが最近、冬キャベツのほかに、夏秋キャベツという呼び方も一般的になってきました。北海道や長野などの寒冷地で、冬キャベツのような堅い玉を生産。つまり一年中、新鮮なキャベツが流通する時代なのです。「季節感の喪失」とも言えますが、「農業のイノベーション」と褒めてあげたい気もします。キャベツの収穫量は、今やジャガイモに次いで第2位。100年余りでキャベツは、我々の食生活に欠かせないものになった訳です。

そうすると当然、キャベツを使った料理も基本的には新しいもの、ということになります。例えば、堅めのキャベツが向いている『お好み焼き』。戦前から東京に登場していたそうですが、実際に大阪名物として全国区になったのは、万博がきっかけだったようです。高度成長期には、三種の神器などのお陰で家事が楽になり、主婦の料理にかける時間が増えてきました。その頃に流行った、手のかかる料理の代表が『ロールキャベツ』。そしてバブルの時代、イタ飯ブームの後半には、今ではポピュラーな『キャベツとアンチョビのスパゲッティーニ』が登場しました。当時の食通には有名だった西麻布の名店『ダノイ』が発祥と聞いています。

最後にキャベツの栄養にも触れておきましょう。代表的なものがキャベジン。胃腸の調子を整えます。更には、アブラナ科の野菜特有の癌予防効果。ただしビタミンCも含めて、大抵の栄養素は加熱で失われます。ですから『煉瓦亭』のキャベツの千切りは、偶然とは言え大変理に適っていました。だからこそ、いつまでも食べ継がれるのですね。

（２０１８年　２月）

48 無限に広がるイカの世界

弥生

この連載も、とうとう最終回。テーマは、悩んだ末「イカ」に決めました。ずっと正面から向き合うのを避けてきた食材です。分類や通称が非常に複雑で、未だ完璧に理解出来ていないというのが一番の理由でしょうか。しかしながら、日本を代表する海産物を、やはり無視する訳には参りません。何しろかつては全世界の水揚げ量の大半が、我が国で消費されていた訳ですから。

書き始める前に、近所のスーパーの鮮魚売り場を歩きました。どんな種類のイカが、どれぐらいの価格で売られているかをチェックする為です。ところが、一軒目の高級店では皆無。二軒目のやや庶民的な駅ビルの中のスーパーで、刺身の盛り合わせパックに入っていた白いイカを漸《ようや》く見つけました。些《いささ》かショック！　加工食品としては別の棚に並んではいたものの、最早《もはや》イカは、手軽な食材ではなくなってしまったのでしょうか。

一つの理由として、イカの深刻な不漁があると思われます。「ブルータス、お前もか！」ですね。平成28（2016）年の『スルメイカ』の漁獲高は約6万トン。数年前までは、優にその3倍以上はありました。それなのに、翌年のTAC（漁獲枠）は、約14万トンというナンセンスな現実。「水産資源は国民の共有の財産」という考え方をしないと、イカもまた、高級魚の仲間入りをするかもしれません。

もう既に高級なものも、幾つかあります。その筆頭は「イカの王様」とも呼ばれる「アオリイカ」。春から夏にかけてが旬でしょうか。大型で、身は柔らかくて旨みもたっぷり。名前がまた雅な感じがしませんか。「アオリ」を漢字で書くと「障泥」。泥を除ける為に、馬の腹の両側に垂れ下げる革製の馬具のことなんです。ところが、他のイカ類と同様に、地方によって呼び方が違います。高知では、藻に産卵するからか『モイカ』と呼ばれていました。これは、それほど悪くない。でも、九州では『ミズイカ』が一般的でした。水っぽいような、大味なイメージが浮かび、今一つピンときませんが、現地では必ず「ミズイカを天麩羅で！」などと注文します。「郷に入れば郷に従え」は鉄則です。

思えば、イカは至って身近な存在でした。子供の頃は、大阪のソウルフードとも言えるイカ焼き。お酒の味を覚えてからは、イカリングにアタリメ（スルメは縁起が悪く）に塩辛。でも、丸ごと買ってきて調理した記憶はありません。先般スーパーで売っていなかったのも、捌《さば》くのが大変だからでしょうか。

生のイカを食し、初めて「旨い！」と飛び上がったのは、「ヤリイカ」のイカソーメンでした。函館の朝市に隣接する、今や行きつけのお店。イカソーメンも糸造りも何度も食べてはいるけれど、ここのは別物でした。イカが新鮮な上に、切り方が特別なのでしょう。恐らく刃渡り30センチ以上あったと思われる大将の包丁は、毎日研ぎに研いで、カッターナイフのようになっていました。

佐賀県の呼子《よぶこ》のイカの人気も、今や全国区です。皿に盛られてもピクピク動く活き造りは、箸が止まりません。こちらで最高のイカとされているのが地方名の「ヤリイカ」。正式には『ケンサキイカ』のことで、一般の「ヤリイカ」のことは「ササイカ」

と呼んでいるようです。本当にややこしい。

まだまだあります。釣り上げられた直後の興奮時、体色を極端に変化させる「ケンサキイカ」は、山陰地方では「シロイカ」と呼ばれ、関東では「アカイカ」になります。ところが「アカイカ」という種類が別に存在し「スルメイカ」と間違われやすいとのこと。このくらいにしておきましょうか……。

最後に大好物の一品をご紹介します。心斎橋の串カツの老舗『うえしま』の名物『イカウニ』。30年以上通っているうちに、大将の髪も真っ白になってしまいました。でも、そのチャレンジングな姿勢は変わりません。揚げたてのイカに冷たい生ウニをのせるというエルブジ顔負けの技を、三十数年も前に編み出した職人です。様々なイカを試して彼が出した結論は、「串カツには、ケンサキイカ」でした。

他にも「コウイカ（＝スミイカ）」「ソデイカ（＝セイイカ）」「ホタルイカ」……イカの旅は続きます。

（２０１８年　３月）

エピローグ

このエピローグを書く為に、連載の第1回目のテーマでありながら、その後も毎年次々と壁が立ちはだかり、結局食べられなかった「オホーツクの春の毛ガニ」を、遂に味わってきました。一度は、飛行機もホテルも予約しながら、急遽『あさが来た』の制作発表がその日に決まってしまい、泣く泣く断念したことも。「いつか必ず出会いがあるはず」と、こういう時には思い込むことにしていますが、とうとうその出会いの日がやってきた訳です。

女満別空港から、まずは北見へ。十数年振りに会った友人は道議会議員になっており、月日の経つのの早さを憂いながら、昔話に花を咲かせました。もちろん、地元の美味しいものも次々と。食に詳しい向きにはよく知られていますが、北見は焼肉の町。人口に対する焼肉店の数が、全国一なのです。

忘れもしない２０００年の２月29日（ニクの日）、『北見厳寒の焼き肉まつり』が開かれました。そこに、飛び入りゲストとして参加したのです。市役所前の広場に、数百台の七輪が並べられ、湯気混じりの濛々《もうもう》たる煙の中で、着膨《きぶく》れた市民たちが肉をぱくつく。この世のものとは思えない、幻想的な風景でした。紙コップに注がれたビールが、口にする度に冷たくなっていく。あの感触は忘れられません。

1回限りの予定だったこのお祭り、好評につき毎年開かれているとのこと。来年は20回記念になるので、また遊びにきてくださいと誘われました。長く生きていると、様々な御縁が繋がります。

カーリングの町、常呂《ところ》も再訪しました。ロコ・ソラーレの選手たちも常連らしい『松寿し』が、期待を遙かに超えるすばらしさ。また行かなければ……。

さて、件《くだん》の毛ガニ。網走のお店で頂きました。活けをそのままお刺身で。ただ、4月中旬ではなく、5月の頭だったことが心残りです。そして、オホーツク地方でも北方の紋別や、さらに北の雄武の方がもっともっと美味しいという情報まで頂きました。

2018年　戻り梅雨の朝に

辰巳琢郎

四季の食材 INDEX

～春～

～夏～

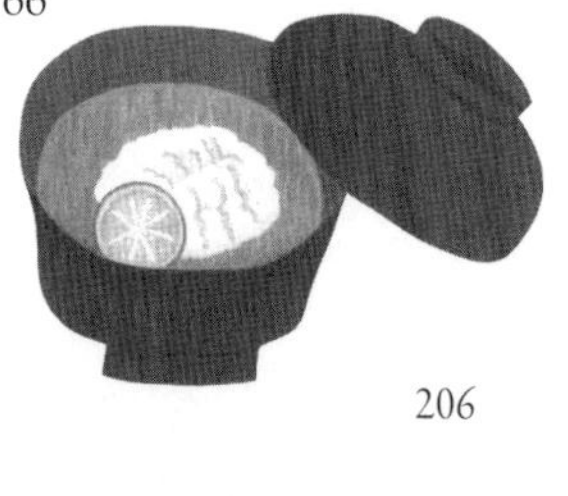

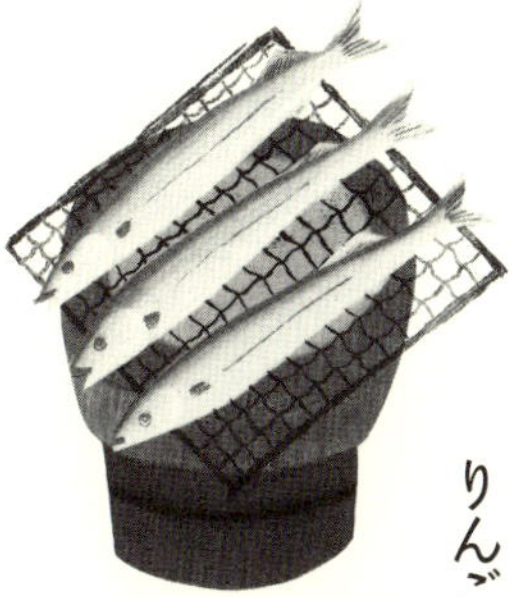

〜秋〜

〜冬〜

辰巳琢郎　たつみ・たくろう

1958年生まれ。俳優。京都大学文学部在学中、『劇団そとばこまち』を主宰し、プロデューサー、演出家として80年代前半の学生演劇ブームの立役者となる。卒業と同時にNHK朝の連続テレビ小説『ロマンス』で全国デビュー後、ドラマや舞台に多数出演。『辰巳琢郎のくいしん坊！万才』以降、食通としても知られ、ワインをテーマとする番組『辰巳琢郎の葡萄酒浪漫』で長年ホストを務める。著書に『道草のすすめ』『ほんとうは教えたくない 京都の路地裏』など。

食いだおれの町、大阪市出身。

やっぱり食《く》いしん坊《ぼう》な歳時記《さいじき》

2018年 8月 8日 第1刷発行

著　者　辰巳琢郎《たつみたくろう》
発行者　茨木政彦
発行所　株式会社 集英社
〒101-8050
東京都千代田区一ツ橋 2-5-10
編集部 03-3230-6068
読者係 03-3230-6080
販売部 03-3230-6393（書店専用）

印刷所　大日本印刷株式会社
製本所　株式会社ブックアート

イラスト　田尻真弓
写真　徳山喜行
デザイン　清水佳子（smz'）

ISBN978-4-08-786104-4　C0095